Übungen des praktischen Lebens
für Kinder ab drei Jahren

|M|o|n|t|e|s|s|o|r|i| P|r|a|x|i|s|

Herausgegeben von
Michael Klein-Landeck und Tanja Pütz

Übungen des praktischen Lebens für Kinder ab drei Jahren

Jutta Bläsius

Übungen des praktischen Lebens

nach Maria Montessori für Kinder ab drei Jahren

HERDER
FREIBURG · BASEL · WIEN

MIX

Paper from responsible sources

FSC® C010798

www.herder.de

Umschlagkonzeption und -gestaltung: Berres & Stenzel, Freiburg

Umschlagfoto: © Sönke Held

Abbildungen im Innenteil: Jutta Bläsius

Layout: Berres & Stenzel, Freiburg

Satz und Gestaltung: post scriptum,
Emmendingen / Hinterzarten

Herstellung: Graspo CZ, Zlín

Printed in the Czech Republic

ISBN 978-3-451-32865-7

Inhalt

Anhang 125

Einleitende Worte

»Will alleine!« Wer kennt ihn nicht, diesen energischen Aufschrei eines jungen Kindes, das sich in einer Tätigkeit übt und vom Erwachsenen dabei gestört wird. Dieses »Will alleine!« sollte uns wie eine schrille Alarmglocke in den Ohren klingeln und uns deutlich machen, dass wir gerade im Begriff sind, dem Kind eine wichtige Chance für seine Entwicklung zu nehmen.

Bedürfnis nach Selbsttätigkeit

Denn mit diesen zwei Wörtern bringt es unmissverständlich sein inneres Bedürfnis nach Selbsttätigkeit und Selbstständigkeit zum Ausdruck. Es möchte alleine die Jacke anziehen, alleine den Saft in seinen Becher schütten, alleine den Reißverschluss seiner Kindergartentasche schließen. Es möchte hierbei nicht vom Erwachsenen gestört werden, und es möchte auch nicht bedient werden. Es will vielmehr sein Tun vollkommen selbstständig und mit allen Konsequenzen zu Ende bringen. Viele Erwachsene neigen dazu, dem Kind die Arbeit abzunehmen – aus ganz unterschiedlichen Gründen: Sie können alles viel schneller und effektiver erledigen. Sie fürchten den großen zeitlichen Aufwand, den das Kind zu seiner Arbeit benötigt. Sie ertragen es nicht, das Kind in seiner Ungeschicklichkeit zu sehen. Sie haben Angst um die Dinge, die es handhabt – denn ein wertvoller Teller, den es tragen möchte, könnte zu Boden fallen und zerbrechen. Sie befürchten, dass das Kind sich verletzt, sich beim Zerteilen seines Brotes in den Finger schneidet. Sie denken, dass es sich zu sehr mühen muss, und möchten ihm dies ersparen. Sie glauben tatsächlich, dem Kind etwas Gutes zu tun, indem sie ihm die Arbeit abnehmen.

Das Kind muss und will sich aber mühen und anstrengen, denn nur durch die Eigentätigkeit kann es »wachsen« und seine Entwicklung vorantreiben. Wir können ihm diese Arbeit nicht abnehmen und die Wachstumsaufgabe an seiner Stelle übernehmen.

Aufgabe des Erwachsenen

Aufgabe des Erwachsenen in diesem Geschehen ist es vielmehr, dem Kind in einem geschützten Rahmen immer wieder Gelegenheiten zu bieten, sich in den unterschiedlichen Tätigkeiten zu üben, und ihm dabei Hilfe zur Selbsthilfe zu geben.

Wie sieht diese Hilfe in der Praxis aus? Wie kann sie in unserem heutigen, oft hektischen Alltag praktisch umgesetzt werden? Welche Materialien eignen sich hierzu? Diesen Fragen möchte dieses Buch nachgehen. Es soll dabei als praktisches Handbuch dienen, vielfältige Möglichkeiten aufzeigen und vor allem auch Mut machen, eigene Ideen zu entwickeln und umzusetzen.

Viel Spaß beim Lesen und Ausprobieren!

Jutta Bläsius

I.

Grundlagen

1. »Nun – dies ist das Werk des Kindes« – Maria Montessoris Blick auf das Kind

Kinder nehmen gerne aktiv am Leben ihrer Umgebung teil. Es macht ihnen Spaß, solche Arbeiten nachzuahmen, die sie bei Erwachsenen im täglichen Miteinander beobachten. So decken sie gerne den Tisch, falten emsig Wäsche, spülen mit Ausdauer Geschirr, putzen mit Begeisterung den Boden oder helfen beim Säubern der Wohnung. All diese Tätigkeiten möchten Kinder können, um groß und unabhängig zu werden, so wie Mama und Papa.

Kinder und Alltagstätigkeiten

Auch Maria Montessori (1870–1952), die Begründerin der nach ihr auch benannten Pädagogik, beobachtete dieses unermüdliche Interesse der Kinder an der Nachahmung der Tätigkeiten Erwachsener und ihre geschäftige Mitarbeit bei häuslichen Arbeiten.

Ihr wurde dabei schnell klar, dass Kinder dazu nicht nur durch bloße Neugierde oder durch ihren starken Bewegungsdrang angetrieben werden. Als Motor kindlichen Handelns sieht sie vielmehr das starke Bedürfnis des Kindes, sich über die Auseinandersetzung mit den Alltagsgegenständen Stück für Stück seine Welt zu erobern, um schließlich unabhängig vom Erwachsenen und damit selbstständig zu werden.

Maria Montessori studierte die Kinder sehr genau bei der Verrichtung alltäglicher Arbeiten und erkannte das Potenzial, das hier verborgen liegt. Sie sah als erste Pädagogin die Notwendigkeit, die Selbsttätigkeit und Selbstständigkeit des Kindes durch kindgemäße Angebote aus dem Bereich der alltäglichen häuslichen Arbeiten zu unterstützen und zu fördern.

Auf der Grundlage ihrer wissenschaftlichen Beobachtungen entwickelte sie schließlich spezielle Übungen, die es vor allem dem jungen Kind ermöglichen sollen, aktiv am häuslichen Leben teilzunehmen.

Sie nennt diese Materialgruppe »Übungen des praktischen oder täglichen Lebens«, denn diese Begriffe geben ihrer Meinung nach am deutlichsten wieder, dass es das praktische, tägliche Leben nicht nur zu Hause, sondern auch im Kinderhaus wirklich gibt. Die Übungen gliedern sich in drei Untergruppen:

Übungen des praktischen Lebens

1. Übungen zur Pflege der eigenen Person (z. B. kämmen, Hände waschen);
2. Übungen zur Pflege sozialer Umgangsformen (z. B. grüßen, verabschieden, bedienen);
3. Übungen zur Pflege der Umgebung (z. B. kehren, Blumen gießen, abstauben).

Die Übungen erlauben es dem Kind, Handlungen und Tätigkeiten seines Alltags in einem geschützten, vorbereiteten Rahmen einzuüben. Entsprechende Angebote sind weltweit als fester Bestandteil in den Alltag der Montessori-Einrichtungen integriert.

2. »Das Kind steht im Mittelpunkt!« – Die Grundprinzipien der Pädagogik

»Hilf mir, es selbst zu tun.« Mit diesem bezeichnenden Satz, so schreibt Maria Montessori, haben die Kinder in den Kinderhäusern immer wieder ihr inneres Bedürfnis nach Eigentätigkeit zum Ausdruck gebracht. Die große Pädagogin erkannte, dass es dementsprechend die Hauptaufgabe des Erwachsenen sein muss, dem Kind immer wieder Möglichkeiten zu schaffen, alleine tätig zu werden. Diese Idee der Hilfe zur Selbsthilfe wurde für sie zu einem wichtigen Kriterium in der Erziehung der Kinder.

Aufgabe der Erwachsenen

Die von ihr dazu entwickelten Übungen des praktischen Lebens sind konsequent in das Erziehungskonzept der Montessori-Pädagogik integriert. Sie werden dem Kind in der Regel als erstes Material angeboten, da es nach Maria Montessori wenig Sinn macht – und sogar schädlich sein kann – »den Kindern Material zur sensorischen und kulturellen Entwicklung zu geben, bevor sie den daraus erwachsenden Nutzen ziehen können« (vgl. Montessori 2007: 252).

Für ein tieferes Verständnis der hier vorgestellten Übungen ist es ratsam, einen kurzen Blick auf die Leitlinien der Montessori-Pädagogik zu werfen. Nur dadurch werden Definitionen verständlich und Zusammenhänge erkennbar, und nur so wird Maria Montessoris Vorstellung von Erziehung und Bildung deutlich.

Die Bedeutung, die Maria Montessori den ersten Lebensjahren beimisst, kommt in ihrem Wort zum Ausdruck, dass das Kind der »Baumeister des Menschen« sei. Sie geht davon aus, dass der Mensch von Geburt an über einen »inneren Bauplan« und bestimmte innere Richtlinien verfügt, die seine Entwicklung leiten und vorantreiben.

Der »innere Bauplan« im Kind

2.1 Der absorbierende Geist

Besondere Bedeutung hat in diesem Geschehen der »absorbierende Geist«. Es handelt sich hierbei um eine Form geistiger Tätigkeit, mit deren Hilfe das junge Kind in der Lage ist, die unterschiedlichsten Eindrücke aus seiner Umgebung mühelos, schnell, ganzheitlich und unreflektiert aufzunehmen, zu sammeln und zu speichern. Es kann sich somit unbewusst bzw. mit einem noch lediglich schwach ausgebildeten Bewusstsein ein Bild seiner Umgebung aneignen und die Kultur, in der es aufwächst, verinnerlichen. Der absorbierende Geist nimmt in dem Maße mehr und mehr ab, wie sich das Bewusstsein des Kindes stetig entwickelt. Mit zunehmendem Alter und mit wachsender Intelligenz sowie stärker werdendem Willen ist das Kind nun darum bemüht, Ordnung und Struktur in seine gesammelten Eindrücke zu bringen.

Unbewusste Geistestätigkeit

Das Kind muss von Anfang an am Leben der Erwachsenen und der Gesellschaft teilhaben können. Nur so gelingt es ihm, mithilfe des absorbierenden Geistes alles Lebensrelevante wie Sprache, Verhalten, Kulturtechniken usw. aufzunehmen.
Mit zunehmendem Alter benötigt es dann Hilfen, um die Vielfalt an gesammelten Eindrücken neu entdecken und ordnen zu können. Hier helfen ihm z. B. die »Vorbereitete Umgebung« mit den »Übungen des praktischen Lebens«. Diese können den Kindern sowohl im institutionellen als auch im häuslichen Umfeld in schier unerschöpflichen Variationen angeboten werden.

2.2 Die sensiblen Perioden

Wichtige, grundlegende Fähigkeiten, Fertigkeiten und erste Erkenntnisse erwirbt das Kind innerhalb der sog. »sensiblen Perioden«. Dies sind Entwicklungsabschnitte, in denen der heranwachsende Mensch für den Erwerb bestimmter Fähigkeiten besonders empfänglich ist. Sie sind meist nur von kurzer Dauer. Maria Montessori beschreibt unterschiedliche »sensible Phasen« bis in das junge Erwachsenenalter hinein. Ganz grundlegende Fähigkeiten werden in der Entwicklungsphase von 0–6 Jahren erworben: Hier liegen die sensiblen Perioden für Bewegung, für den Erwerb der Muttersprache und für Ordnung.

»Zeitfenster« zum Erwerb von Fähigkeiten

Gerade im Hinblick auf die Arbeit mit den »Übungen des praktischen Lebens« spielt Ordnung auf unterschiedlichen Ebenen eine wichtige Rolle.
Die Ordnung bezieht sich auf folgende Bereiche:

- ***auf die genau festgelegte räumliche Anordnung der Dinge:* Alles hat seinen festen Platz im Raum. So ist das Tablett mit der Löffelübung immer in dem gleichen Regal und dort an der gleichen Stelle zu finden. Der Kinderbesen hängt immer am gleichen Haken der Leiste neben der Türe.**
- ***auf die Zusammenstellung einer Übung:* Jede Übung beruht auf bestimmten Materialien. Wird ein Gegenstand durch einen anderen ersetzt, ruft dies bei den Kindern in der Regel zunächst große Verwirrung hervor.**
- ***auf den exakt gleichen Ablauf einer Übung:* Jede Übung hat immer den gleichen Ablauf. Beim Binden der Schleife wird z. B. immer mit dem linken Schnürsenkel begonnen und in einer festgelegten Abfolge weitergearbeitet. Wird diese Reihenfolge geändert, reagieren viele Kinder verwirrt und orientierungslos.**

Eine geordnete Umgebung gibt Kindern Sicherheit, Orientierung und Zuversicht.

2.3 Die Polarisation der Aufmerksamkeit

Zustände tiefer Konzentration

Durch die genaue Beobachtung der Kinder in ihrer Entwicklung entdeckte Maria Montessori, dass Kinder bei ihren Tätigkeiten, in der tätigen Auseinandersetzung mit einem Material zu tiefer Konzentration fähig sind.

Sie prägte dafür den Begriff der »Polarisation der Aufmerksamkeit« und beschreibt damit die Fähigkeit des Kindes zu höchster Sammlung und Versunkenheit in eine Arbeit, aus der es gestärkt, gefestigt und glücklich »erwacht«. Sie erkannte die Bedeutung dieses Phänomens für die kindliche Entwicklung und forschte intensiv nach den Voraussetzungen, die gegeben sein müssen, damit Kinder immer wieder zur Polarisation der Aufmerksamkeit gelangen.

Ist ein Kind intensiv mit einer Arbeit beschäftigt, so stören Sie es auf keinen Fall! Unterbrechen Sie sein Tun nicht, indem Sie es auf etwas aufmerksam machen, es kritisieren oder loben, denn, so schreibt Maria Montessori: »Lob, Hilfe und auch nur ein Blick können genügen, um es [das Kind] zu unterbrechen oder die Aktivität zu zerstören« (Montessori 2007: 253).

2.4 Die freie Wahl und die Wiederholung der Übungen

Entwicklungsgerechte Tätigkeit

Maria Montessori beobachtete, dass nur die selbsttätige Auseinandersetzung der Kinder mit einem frei gewählten Gegenstand in einem selbst bestimmten zeitlichen Rahmen, der ihr Wiederholungsbedürfnis befriedigt, die Kinder zu tiefer geistiger Versunkenheit führt. In der freien Wahl, die von starken inneren Motiven geleitet wird, kommt zum Ausdruck, was das Kind in seiner Entwicklung benötigt. Wird ihm vorgeschrieben, womit es arbeiten soll, wird es in seiner Entwicklung behindert, und sein Gleichgewicht wird gestört. Daher sind die freie Wahl und die Wiederholung der Übungen wichtige Grundsätze der Montessori-Pädagogik.

Beobachten Sie die Kinder in ihrem Tun. Bemerken Sie, dass ein Kind mit der freien Wahl noch nicht umzugehen versteht, so unterstützen Sie es darin.
Prüfen Sie, ob die notwendigen Bedingungen gegeben sind, damit das Kind seine Tätigkeit frei wählen kann. Stellen Sie sich dazu folgende Fragen:

- **Ist die Vorbereitete Umgebung überschaubar gestaltet, so dass das Kind sich darin zurechtfinden kann?**
- **Ist Material vorhanden, das das Interesse des Kindes weckt?**
- **Kennt das Kind den sachgerechten Umgang mit diesem Material?**
- **Kann es ungestört arbeiten, ohne ständig unterbrochen oder abgelenkt zu werden?**

2.5 Die Vorbereitete Umgebung

Als weiterer wichtiger Faktor für die Polarisation der Aufmerksamkeit kristallisiert sich die Vorbereitete Umgebung heraus. Maria Montessori orientiert sich als erste Pädagogin u. a. bei der Wahl der Möbel an der Größe der Kinder. Kleine Tische und Stühle, niedrige Regale und Schränke, handliche und kindgerechte Gebrauchsgegenstände kennzeichnen bald die Ausstattung ihrer Kinderhäuser.

Kindgerechte Umgebung

Innerhalb der Vorbereiteten Umgebung ist es Aufgabe des Erwachsenen, dem Kind Materialien zur Verfügung zu stellen und Aktivitätsmöglichkeiten zu schaffen, die seinem momentanen Entwicklungsbedürfnis Rechnung tragen und ihm beim Aufbau seiner selbst helfen.

Die Vorbereitete Umgebung mit kindgerechten Möbeln und Materialien gewährleistet, dass die Kinder hier viele Tätigkeiten des praktischen Lebens auch wirklich selbstständig und ohne Hilfe eines Erwachsenen durchführen können. So wischen sie den niedrigen Tisch sauber, stauben die Regale ab, pflegen die Blumen und Zimmerpflanzen, räumen ihre Arbeiten selbstständig weg, sorgen für Ordnung und Sauberkeit. Hier wird deutlich, dass das praktische Leben in einem Kinderhaus oder im häuslichen Umfeld unter solchen Voraussetzungen wirklich existiert.
Innerhalb dieser Vorbereiteten Umgebung haben zudem alle Materialien ihren festen Platz. Jede Übung ist so angeordnet, dass sie selbstständig von einem Kind aus dem Regal genommen und zu einem Tisch getragen werden kann. Gegenstände, die zu schwer oder zu unhandlich für das Kind sind, werden an einem festen Arbeitsplatz installiert.

2.6 Die Materialien

Das Montessori-Material spielt im Erziehungskonzept der Reformpädagogin eine bedeutende Rolle. Maria Montessori versteht es nicht als Hilfsmittel, das den Erzieher in seiner Unterweisung unterstützen soll. Sie sieht darin vielmehr ein Entwicklungsmaterial. Durch den selbsttätigen Umgang beispielsweise mit dem Rosa Turm, den Sandpapierbuchstaben, den Ziffern und Chips oder den unterschiedlichen Verschlussrahmen soll das Kind in seiner gesamten Entwicklung und in seiner Persönlichkeit gefördert werden.

»Entwicklungsmaterial«

Die Montessori-Materialien erfüllen bestimmte Kriterien, die wir an anderer Stelle noch genauer betrachten werden.

2.7 Der Erwachsene

Auch der Rolle des Erwachsenen misst Maria Montessori im Erziehungsgeschehen eine fundamentale Bedeutung zu. Sie fordert den »neuen Erzieher«, den »Diener des Kindes«,

Zurückhaltung als pädagogische Tugend

der sich u. a. in Geduld, in Demut, in Zurückhaltung, in Passivität und in Schweigsamkeit übt. Seine Liebe zum Kind, sein Wissen um die kindlichen Entwicklungsgesetze und sein Vertrauen in die positiven Kräfte, die im Kind verborgen liegen, sollen das Denken und Handeln des Erziehers und den Umgang mit dem Kind gestalten.

Seien Sie sich Ihrer wichtigen Rolle bei der Entwicklung und Erziehung des Kindes bewusst!

Sie haben in vielen Dingen eine Vorbildfunktion.

Verbringen Sie viel Zeit damit, die Kinder zu beobachten.

Hinterfragen Sie Ihr Vorgehen und Ihren Umgang mit den Kindern immer wieder im Hinblick auf die Kriterien der Montessori-Pädagogik, die eine gute »Leiterin« beschreiben.

3. »Das Material ist gleichsam nur ein Anfang« Die Übungen des praktischen Lebens

Maria Montessori hat ein breit gefächertes Materialangebot zu unterschiedlichen Bereichen entwickelt (Sinnes-, Mathematik- und Sprachmaterial, Material zur kosmischen Erziehung, Übungen des täglichen Lebens), das heute noch in seiner ursprünglichen Gestalt in Montessori-Einrichtungen zum Einsatz kommt.

Beispiele

Zu den bekanntesten noch von ihr selbst vorgeschlagenen und ausgearbeiteten Übungen des praktischen Lebens und Angeboten zur Pflege der Umgebung zählen: das Wassergießen, Übungen im Falten, das Metallputzen, die Schnittblumenpflege, die Verschlussrahmen, das Händewaschen.

Echte Alltagsgegenstände

Maria Montessori betont immer wieder, dass es bei diesen Übungen nicht darum geht, den Kindern Spiele zu ermöglichen, die das So-tun-als-ob in den Vordergrund des Geschehens stellen. Die Materialien, mit denen die Kinder in den Kinderhäusern aktiv werden, sind keineswegs Attrappen. Es sind vielmehr reale Dinge aus dem Alltag, die den Kindern zum Arbeiten zur Verfügung stehen. Es sind Gegenstände, mit denen auch der Erwachsene täglich hantiert. Denn gerade darum geht es dem Kind: Es möchte Handlungen und Tätigkeiten der Erwachsenen nachahmen und diese genau so verrichten, wie der Vater, die Mutter, die Oma es eben tun. Es geht dem Kind um die richtige Arbeit, die zu einem tatsächlichen, praktischen und sinnvollen Ergebnis führt. Hierzu bedarf es natürlich authentischer, alltäglicher Gegenstände und Arbeitsmaterialien – die freilich auf Kinder zugeschnitten sein müssen.

Zu Zeiten Maria Montessoris war es noch recht unproblematisch, dass Kinder sich an den vielfältigen Arbeiten im Haushalt beteiligten. Heute wird unsere Lebenswelt jedoch auch im häuslichen Bereich überwiegend von Maschinen beherrscht. Hier müssen wir nur noch ein Knöpfchen drücken oder einen Hebel bedienen, und die Arbeit erledigt sich von alleine. Natürlich erleichtert dies unser Leben, schafft Freiräume und erspart Zeit. Aber leider werden hierdurch viele Arbeitsabläufe für Kinder uninteressant und undurchschaubar, denn sie laufen im Inneren einer Maschine ab.

Hier gilt es kritisch zu hinterfragen, ob wir diese Vielfalt an elektrischen Geräten

Eigenes manuelles Handeln

im Zusammenleben mit Kindern tatsächlich benötigen. Nehmen uns eine elektrische Pfeffermühle, ein elektrischer Dosenöffner oder eine elektrische Zitronenpresse wirklich Arbeit ab? All diese Tätigkeiten lassen sich eigentlich immer noch problemlos per Hand ausführen. Dann können Kinder aktiv mitarbeiten: die Pfeffermühle oder den Dosenöffner mit eigener Kraft drehen, die Zitrone durch Druck und Drehen der Hand selbst auspressen. Sie können beobachten, wie der Saft aus der Zitrone läuft, und dafür sorgen, dass er aufgefangen wird. Hier lassen sich Ursachen und Wirkungen und damit Zusammenhänge erkennen.

Es geht darum, den Kindern zu zeigen, wozu wir die Dinge benötigen, wie sie funktionieren, wie sie gehandhabt werden, damit sie die Arbeiten später alleine ausführen können. Hier ist es heute wichtiger denn je, das klassische Montessori-Material durch zusätzliche, individuell hergestellte Angebote zu ergänzen. Bei der Auswahl dieser Zusatzmaterialien gilt es darauf zu achten, dass die Kriterien der Montessori-Pädagogik zum Tragen kommen.

Sorgfältige Auswahl

Die Übungen des praktischen Lebens und damit alle Gegenstände, die eingesetzt werden, müssen immer sehr sorgfältig ausgewählt sein und bestimmte Kriterien erfüllen:

- Sie sind ästhetisch schön in den Farben und den Formen.
- Alle Materialien sind voll funktionsfähig.
- Alle Gegenstände passen mühelos in Kinderhände.
- Die Übungen fordern die Aktivität der Kinder heraus.
- Sie sind klar und deutlich strukturiert, so dass das Kind ihre Zielsetzung eindeutig erkennt und selbstständig tätig werden kann.
- Jede Übung ist nur einmal vorhanden. Dadurch gewinnt sie an Wert. Das Sozialverhalten der Kinder wird geschult, denn sie müssen warten, bis sie an der Reihe sind, sie müssen Absprachen treffen, sich arrangieren.
- Alle Materialien haben ihren festen Platz innerhalb der Vorbereiteten Umgebung. So kann das Kind jederzeit danach greifen und am Ende der Übung die Gegenstände wieder zurückbringen. Dies gehört zu einem kompletten Arbeitszyklus.
- Alle Übungen sind immer vollständig auf einem kleinen Tablett zusammengestellt. So muss das Kind nicht erst einzelne Gegenstände im Raum zusammensuchen. Zudem ist das Tablett nach Möglichkeit mit dem Arbeitsplatz identisch. Die Materialien verlieren sich dann nicht auf dem Tisch, sondern können auf der begrenzten Fläche des Tabletts genutzt werden.
- Die Übungen wandeln sich stetig, sie passen sich den Kindern, den momentanen Interessen, der jeweiligen Kultur und Umgebung an.
- Sie stellen immer einen Bezug zum täglichen Leben her und bieten dem Kind Gelegenheit, die gewonnenen Fähigkeiten und Fertigkeiten in seinem Alltag anzuwenden.
- Eine integrierte Fehlerkontrolle ermöglicht es dem Kind jederzeit – und ohne Hilfe eines Erwachsenen –, einen Fehler zu erkennen und zu korrigieren.

- Das Kind kann die Arbeit wiederholen, sooft es dies möchte.
- Unterschiedliche Schwierigkeitsstufen garantieren, dass die Übungen (z. B. Wasser schütten) sowohl für jüngere als auch für ältere Kinder abwechslungsreich und immer wieder interessant sind.

Auch die in diesem Buch vorgestellten Ideen orientieren sich an den beschriebenen Kriterien. Mithilfe eines Materials kann das Kind eine bestimmte Handlung, eine besondere Tätigkeit isoliert und exemplarisch üben und trainieren. Die dabei gewonnenen Erfahrungen, Erkenntnisse und Fertigkeiten helfen ihm, sich an Alltagstätigkeiten zu beteiligen, und machen es somit zu einem aktiven Mitglied der Gemeinschaft.

Zweck der Übungen

Die Materialien, die den Kindern zur Verfügung gestellt werden, sind in der Regel Gegenstände, die im Haushalt und im täglichen Leben zu finden sind. Sie müssen somit nicht extra angeschafft werden. Die Menge, in der sie in der Familie und in den unterschiedlichen Einrichtungen zum Einsatz kommen, orientiert sich z. B. an der Größe der Gruppe, dem zur Verfügung stehenden Raum- und Platzangebot, dem Alter und Entwicklungsstand der Kinder und der Zeit, die sie in dem entsprechenden Umfeld verbringen.

4. »Hilf mir, es selbst zu tun« – Die Ziele der Übungen

Übungen zur Pflege der eigenen Person und zur Pflege der Umgebung erfüllen eine Vielzahl unterschiedlicher Ziele:

Ziele im Einzelnen

1. Das Kind kann seinen starken Bewegungsdrang in sinnvollen Tätigkeiten ausleben und befriedigen.
2. Die Übungen geben dem Kind die Möglichkeit, seine Bewegungen mehr und mehr zu ordnen, zu verfeinern und zu koordinieren.
3. Sie verbessern die Dosierung des Krafteinsatzes und tragen zu einer der jeweiligen Aufgabe angemessenen Steuerung des Tonus (der Muskelspannung) bei.
4. Durch den Umgang mit den Dingen des Alltags wird die Grob- und Feinmotorik des Kindes in einer sinnvollen, auf ein praktisches Ziel hin ausgerichteten Weise geschult.
5. Die Angebote fördern das beidhändige Arbeiten des Kindes. Dadurch wird die Vernetzung beider Gehirnhälften angeregt.
6. Im Umgang mit den Materialien werden die Sinne geschult.
7. Die Übungen leisten – bei entsprechender Begleitung durch einen Erwachsenen – einen wichtigen Beitrag zur Spracherziehung: Die Kinder lernen neue Begriffe kennen (Wortschatzerweiterung), und ältere Kinder werden systematisch zum zusammenfassenden Beschreiben der Handlungen geführt.
8. Die Kinder lernen nützliche, lebensrelevante Fertigkeiten.
9. Die Übungen vermitteln Sachkenntnisse durch sachgerechten Umgang mit den Gegenständen und erweitern somit die Sachkompetenz des Kindes.
10. Die Serialität wird gefördert, indem das Kind die Durchführung der Handlungen in den einzelnen, logisch aufeinanderfolgenden Schritten erfährt.
11. Arbeitsvorgänge werden transparent und durchschaubar; logische Zusammenhänge werden für das Kind erkennbar, sichtbar und begreifbar (Analyse der Bewegungen).
12. Das Kind erlebt den vollständigen Zyklus einer Arbeit. Es kann dadurch Ursachen und Wirkungen und damit Zusammenhänge erkennen.
13. Ausdauer und Konzentration werden geschult.
14. Die Übungen vermitteln die Kultur, in der das Kind aufwächst.
15. Das Kind übt sich in Selbstständigkeit und wird damit zunehmend unabhängiger vom Erwachsenen.
16. Sicherheit, Selbstwertgefühl und Selbstvertrauen werden gestärkt.
17. Die Übungen bereiten in kindgemäßer Weise auf ein Leben in der Gemeinschaft vor.
18. Das Kind entwickelt mehr und mehr Verantwortungsbewusstsein für seine Umgebung und den eigenen Körper. Es ist somit zunehmend in der Lage, auf unterschiedlichen Ebenen Verantwortung zu übernehmen.
19. Das Kind erwirbt im Umgang mit den Dingen, im Hantieren mit Mengen, Materialien, Gefäßen usw. erste mathematische Grundkenntnisse.

5. »Ich zeige dir, wie es geht!« – Die Analyse der Bewegungen

Wer sich mit Kindern beschäftigt, beobachtet häufig, dass sie in einem bestimmten Alter verschiedene Arbeiten ohne erkennbaren Grund immer wieder ausführen. So waschen sie ihre Hände, obwohl sie längst sauber sind; sie füllen ein Glas mit einem Getränk, obwohl sie keinen Durst haben; sie wischen den Tisch ab, obwohl er nicht mehr schmutzig ist.

Vervollkommnung der Bewegungen

Dadurch wird deutlich, dass nicht die bloße Erledigung der Tätigkeit im Vordergrund ihres Interesses steht, sondern dass es den Kindern um etwas ganz anderes geht: nämlich um die Vervollkommnung ihrer Bewegungen, um die Verbesserung ihrer Bewegungskoordination und um die Geschicklichkeit in der Verrichtung der Handlungen.

Eine gute Bewegungskoordination und eine sinnvolle, zweckgerichtete Handlungsabfolge kann aber nur dann gelingen, wenn dem Kind zuvor die entsprechenden Bewegungen und Handlungsabfolgen gezeigt wurden.

Hier sieht Maria Montessori die Chance und gleichzeitig die Notwendigkeit, Kinder zu Beginn jeder Arbeit in die Analyse der Bewegungen einzuführen.

Zerlegung in Teilschritte

Das Bewegungsganze wird dabei in einzelne, aufeinander folgende Handlungsmomente gegliedert. Die verschiedenen Teilschritte lassen sich nun deutlich voneinander unterscheiden. Das Kind kann dadurch erkennen, wie diese möglichst exakt und in einer sinnvollen Reihenfolge auszuführen sind.

Wir Erwachsenen haben längst Routine in der Verrichtung alltäglicher Arbeitsvorgänge gewonnen. Dies hat zur Folge, dass unsere Bewegungen oft unvollkommen, fahrig und ungenau sind. Bewegungen innerhalb einer Handlung, die eigentlich aufeinander folgen müssten, führen wir häufig gleichzeitig aus oder verwechseln sie miteinander.

Wir alle kennen solche Tätigkeiten, in denen unser Umgang mit den Dingen und die Ausführung unserer Handlungen eine angemessene Exaktheit vermissen lassen. So be-

schädigen wir Bücher durch unsachgemäßes und unangemessenes Umblättern der Seiten, verschleißen Blusen, Jacken oder Mäntel, indem wir sie unsauber zuknöpfen, und ramponieren Schlüssel und Schlösser, weil wir die einzelnen, aufeinander folgenden Handlungen miteinander vermischen.

Viele alltägliche Verrichtungen lassen sich jedoch durch eine exakte Ausführung wesentlich ökonomischer und zudem ästhetischer gestalten, denn:

»Die Analyse der Bewegungen ist mit der Sparsamkeit der Bewegungen verbunden: Keine für einen bestimmten Zweck überflüssige Bewegung zu machen ist letzten Endes der höchste Grad an Vollkommenheit« (Montessori 2010: 107).

Wir müssen uns daher der einzelnen, aufeinander folgenden Momente einer Handlung stets bewusst sein, um sie möglichst ökonomisch verrichten zu können.

In der Arbeit mit Kindern bedeutet dies, dass wir eine Tätigkeit, die wir dem Kind zeigen möchten, zunächst in unserem eigenen Handeln analysieren. Denn nur indem wir selbst die verschiedenen Teilschritte sorgfältig und exakt ausführen, können wir Kindern Einblicke in die einzelnen Arbeitsabschnitte geben, aus denen die jeweiligen Verrichtungen bestehen.

Sorgfalt

Es gilt, unser Tun geplant, deutlich, langsam, mit sparsamen und exakten Bewegungen zu vollziehen, damit das Kind komplexe Handlungsabläufe erkennen kann und damit ihm diese sinnvoll erscheinen und nachvollziehbar werden.

Wir müssen zudem unbedingt darauf achten, den jeweiligen Handlungsablauf stets gleich zu gestalten. So müssen wir beim Binden der Schleife die erste Schlaufe immer mit dem gleichen Schnürsenkel bilden, das Band immer in der gleichen Richtung um die Schlaufe legen, den Knoten immer in die gleiche Richtung zuziehen. Hierdurch gewinnt das Kind Sicherheit. Es kann sich die einzelnen Handlungssequenzen besser einprägen und den kompletten Umfang der Arbeit leichter verinnerlichen. Im Wiederholen der Übung gelangt es schließlich zur Koordination und zur Harmonisierung seiner Bewegungen.

Gleiche, sich wiederholende Abläufe

Stellen Sie sich bei der Durchführung der Analyse der Bewegungen immer folgende Fragen:

- **Welche Reihenfolge der Bewegungen gilt es einzuhalten?**
- **Welche Teilschritte sind nötig?**
- **Welche Bewegungen sind nötig?**
- **Welche Bewegungen sind überflüssig?**
- **Sind die einzelnen Momente deutlich voneinander zu unterscheiden?**
- **Kann das Kind den Bewegungszyklus in seiner Gesamtheit erkennen, speichern und nachvollziehen?**

6. »Ein Beitrag zur Sozialerziehung« – Die Stufen des Tuns

Dem jungen Kind sind die Übungen des täglichen Lebens bereits vor dem Eintritt in den Kindergarten vertraut, denn schon zu Hause haben die Mutter, die Oma oder eine andere Bezugsperson solche Arbeiten tagtäglich in seinem direkten Umfeld verrichtet. Kommt es in eine sozialpädagogische Einrichtung, so werden ihm daher in der Regel als Erstes diese Übungen angeboten, bzw. das Kind selbst wählt zunächst gerade die Übungen des täglichen Lebens aus der Materialvielfalt aus. Die einfachen, kindgerechten und zum Teil »bekannten« Angebote geben ihm ein Stück weit Sicherheit innerhalb des ansonsten noch sehr fremden, unbekannten Umfelds.

Aufeinander aufbauende Stufen

Im Umgang des jungen Kindes mit den Übungen des praktischen Lebens lassen sich schon bald aufeinanderfolgende Fortschrittstufen erkennen. Vier unterschiedliche Stufen des Tuns kristallisieren sich mehr und mehr heraus:

1. Stufe: Tun um des Tuns willen

Das Kind wiederholt zunächst die Übungen immer und immer wieder, bis es sie perfekt beherrscht. Es ist dabei jedoch noch nicht an einem wirklichen Ergebnis interessiert. Nicht der äußere Zweck, sondern die Tätigkeit an sich und die Freude an der Bewegung stehen im Vordergrund seines Interesses. Es wischt den Tisch um des Wischens willen,

spült den Teller um des Spülens willen. Der äußere Zweck ist nur Anregung für sein Tun, und nur die Freude am Tätigsein bestimmt sein Handeln. Durch die ständige Wiederholung der Übungen koordinieren, festigen und verfeinern sich seine Bewegungen zunehmend.

2. Stufe: Tun um der Genauigkeit willen

Das Kind legt nun Wert auf die Genauigkeit und Vollständigkeit der Handlungen. Der Sinn seines Tuns kommt ihm mehr und mehr ins Bewusstsein. Es beginnt immer häufiger seine Arbeit zu kontrollieren.

3. Stufe: Tun um des Ergebnisses willen

Das Ergebnis des Tuns wird für das Kind nun wichtig. Es erkennt, dass es die Fertigkeiten und Fähigkeiten, die es im Umgang mit den Übungen erwirbt, in seinen Alltag übertragen und hier gezielt anwenden kann. Hat es mithilfe des Schleifenrahmens gelernt, eine Schleife zu binden, so ist es nun in der Lage, sich selbst die Schuhe zuzubinden oder ein Geschenk mit einer Schleife zu schmücken.

Das Kind sucht also nach einer sinnvollen Anwendung seiner Tätigkeiten.

4. Stufe: Tun um der Gemeinschaft willen

Das Kind erkennt, dass es seine erworbenen Fähigkeiten für die Gruppe bzw. die Gemeinschaft, in der es lebt, nutzen kann. Da es nun in der Lage ist, eine Schleife zu binden, kann es auch jüngeren Kindern beim Schuheanziehen helfen.

Somit fördern die Übungen des täglichen Lebens nicht nur die Selbstständigkeit des Kindes, sondern unterstützen auch seine Sozialerziehung. Sie machen ihm des Weiteren deutlich, dass es für die Aufrechterhaltung der Ordnung in seiner Umgebung mit verantwortlich ist und hier nun seinen Beitrag leisten kann.

Beziehen Sie die Kinder nach Möglichkeit in die tägliche Hausarbeit mit ein und übertragen Sie ihnen, dem jeweiligen Entwicklungsstand entsprechend, immer wieder kleine Aufgaben und Pflichten. Nur so können Kinder in ihrem Bemühen und in ihren Anstrengungen ernst genommen werden. Nur so kann ihr Streben nach Selbsttätigkeit und nach Selbstständigkeit befriedigt werden. Beobachten, begleiten und unterstützen Sie die Kinder auf ihrem Weg zur Unabhängigkeit und stehen Sie ihnen im Prozess der Loslösung von der Familie und in der Entwicklung ihrer Selbstständigkeit und ihrer Persönlichkeit wohlwollend zur Seite.

7. »So bringen uns die kleinen Schritte zu großen Dingen« – Wie die Übungen gelingen

Grundlegende Regeln

Hier noch einmal zusammenfassend die wichtigsten Informationen, bevor es losgehen kann:

- Beginnen Sie jede Übung mit großen Materialien und gehen Sie bei weiteren Angeboten schrittweise zu kleineren Gegenständen und Werkzeugen über. Beachten Sie immer das didaktische Prinzip »Vom Einfachen zum Komplexen« und arbeiten Sie die Übungen dementsprechend aus.
- Setzen Sie nur Material ein, das ungefährlich ist. Sie kennen »Ihre« Kinder am Besten und können abschätzen, womit sie arbeiten können.
- Bereiten Sie jedes Angebot sorgfältig vor und stellen Sie alle Materialien auf einem Tablett, in einem Korb o. Ä. zusammen.
- Probieren Sie jede Übung selbst aus und machen Sie sich die einzelnen Handlungsschritte bewusst, die zur Durchführung notwendig sind (vgl. den Abschnitt zur Analyse der Bewegungen).
- Laden Sie das Kind zu der jeweiligen Übung ein.
- Nehmen Sie gemeinsam mit ihm das Material aus dem Schrank. So weiß das Kind, wo es die Übung findet, um sie später alleine zu wiederholen. Außerdem kennt es nun den Platz, an den das Material nach der Arbeit wieder zurückgestellt wird.

- Achten Sie darauf, an welcher Seite Sie das Kind platzieren, damit es Ihre Bewegungen gut sehen kann. Setzen Sie ein linkshändiges Kind rechts neben sich, ein rechtshändiges Kind dagegen an Ihre linke Seite.
- Führen Sie alle Bewegungen langsam, exakt und überdeutlich aus. Prägen Sie sich die Handlungsmomente gut ein und achten Sie beim erneuten Vorführen auf die exakt gleiche Reihenfolge und Ausführung der einzelnen Handlungsschritte.
- Sprechen Sie während der Einführung nur das Nötigste. So wird das Kind nicht unnötig von der Arbeit abgelenkt.
- Lassen Sie das Kind die Übung wiederholen. Macht es einen Fehler, so geben Sie ihm die Möglichkeit, ihn selbst zu

korrigieren. Stellen Sie fest, dass das Kind mit dem Angebot überfordert ist, so beenden Sie in Ruhe die Aktivität und wiederholen Sie die Übung zu einem späteren Zeitpunkt.

- Weckt die Übung das Interesse des Kindes, so lassen Sie es die Tätigkeit wiederholen, sooft es möchte. Gerade die Wiederholung garantiert den Lernerfolg.
- Lässt das Interesse des Kindes nach, so beenden Sie die Arbeit. Bringen Sie zusammen mit dem Kind die Materialien wieder in den ursprünglichen Zustand, so dass das nächste Kind direkt mit der Arbeit beginnen kann. Stellen Sie die Übung wieder zurück an den Platz im Schrank. Das Kind erlebt dadurch einen kompletten Arbeitszyklus.

Achten Sie bei den Materialien darauf, dass von ihnen keine Gefahr für die Kinder ausgeht. Beobachten Sie die Kinder in ihrem Tun und lassen Sie sie nach Möglichkeit nicht unbeaufsichtigt mit Erbsen, Bohnen, Reis usw. arbeiten. Geben Sie den Kindern nur dann solche Materialien an die Hand, wenn Sie sicher sind, dass sie sachgerecht und verantwortungsvoll damit umgehen können. Ansonsten ersetzen Sie sie durch andere Dinge, wie kleine Korken, Saubohnen, Gries, Kastanien u. Ä.!

II.
Die Übungen des praktischen Lebens

1. »Ordnung ist das halbe Leben« – Sortierübungen

Das Sortieren von Gegenständen dient auf den ersten Blick dazu, Ordnung zu schaffen. Hierbei geht es nicht nur darum, die Unterscheidung zwischen den Dingen zu üben, sondern es gilt auch, die Beziehung der Dinge untereinander zu erkennen und sie nach bestimmten Ordnungskriterien zu sortieren. Dabei kommen die Kinder in intensiven Kontakt mit den Gegenständen, setzen sich mit ihnen auseinander, nehmen sie bewusst wahr. Sie vergleichen, kategorisieren, kombinieren, klassifizieren, sortieren, ordnen sie nach eigenen oder vorgegebenen Merkmalen.

Je älter die Kinder sind, umso eher sind sie in der Lage, mehrere Ordnungskriterien gleichzeitig zu berücksichtigen.

All dies hilft den Kindern, sich ihre Umwelt zu erschließen, ein immer genaueres Bild der sie umgebenden Dinge zu entwickeln und eine Ordnung für ihre geistigen Bilder zu finden.

Maria Montessori sieht im Ordnen der Gegenstände weit mehr als nur die Herstellung einer äußeren Ordnung. Sie spricht davon, dass das Kind über diese äußere Ordnung zur inneren Ordnung gelangt. Die innere Ordnung äußert sich wiederum darin, dass das Kind sich darum bemüht, für die äußere Ordnung zu sorgen.

Die im Folgenden vorgestellten Sortierübungen schulen die Feinmotorik, die Auge-Hand-Koordination und die Koordination der Hände. Sie erfordern ein hohes Maß an Fingerspitzengefühl. Beidhändiges Arbeiten wird gefördert. Die Kinder lernen verschiedene Ordnungskriterien kennen (Farbe, Größe, Form). Wird die visuelle Wahrnehmung ausgeschaltet, tragen die Übungen zur Verfeinerung des stereognostischen Sinnes (Tastsinn: Unterscheidung von Dimensionen und Formen) bei.

Bohnen sortieren

Das benötigen Sie:
weiße, rote, braune Bohnen; 3 Gläser; eine kleine Schale; Tablett

Das ist vorzubereiten:
Geben Sie die Bohnen zusammen in die Schale. Achten Sie darauf, dass sie in die Gläser passen.

So führen Sie die Übung ein:
Sortieren Sie die Materialien. Alle roten Bohnen kommen in eines der leeren Gläser, alle weißen in ein anderes Glas und alle braunen Bohnen in das dritte Glas. Am Ende werden die Bohnen wieder in die Schale zurückgeschüttet.

Das Kind kann die Arbeit selbstständig durchführen.

Fehlerkontrolle:
- Das Kind kann optisch erkennen, ob die Materialien richtig getrennt wurden.

Weitere Möglichkeiten:
- Mischen Sie mehr als drei Materialien, die das Kind sortieren kann.

Transfer zum Alltag:
Das Kind kennt Ordnungskriterien, kann Materialien voneinander unterscheiden und bei Sortierarbeiten im Haushalt helfen.

Nüsse sortieren

Das benötigen Sie:
3 kleine Körbchen; großes Körbchen; je 6–8 Walnüsse, Haselnüsse und Mandeln; Tablett

So führen Sie die Übung ein:
Nehmen Sie eine beliebige Nuss aus dem Korb. Betrachten Sie sie genau und legen Sie sie dann in eines der kleinen Körbchen. Verfahren Sie mit den anderen Nüssen ebenso und sortieren Sie sie in die passenden Körbchen ein. Ist die Arbeit beendet, geben Sie die Nüsse wieder in das große Körbchen. Das Kind kann die Übung nun durchführen.

Fehlerkontrolle:
- Ein oder mehrere Körbchen ergeben kein einheitliches Bild, da eine oder mehrere Nüsse falsch zugeordnet wurden.

Weitere Möglichkeiten:
- Das Kind arbeitet mit einer Augenbinde.

Transfer zum Alltag:
Das Kind kann Gegenstände optisch und haptisch voneinander unterscheiden und entsprechend einsortieren.

Knöpfe nach Farben ordnen

Das benötigen Sie:
Knöpfe in unterschiedlichen Größen und in 4–5 unterschiedlichen Farben; kleine Schälchen; große Schüssel; Tablett

So führen Sie die Übung ein:
Legen Sie zunächst in jedes Schälchen einen Knopf in einer jeweils anderen Farbe. Anschließend sortieren Sie die restlichen Knöpfe in die Farbschälchen. Hierbei kann das Kind Ihnen helfen.

Sind alle Knöpfe einsortiert, ist die Arbeit beendet. Die Knöpfe kommen wieder zurück in die große Schale, so dass erneut damit gearbeitet werden kann.

Fehlerkontrolle:
- Falsch einsortierte Knöpfe stören das Gesamtbild.

Weitere Möglichkeiten:
- Bieten Sie Knöpfe in unterschiedlichen Farbschattierungen an (z. B. gelb: hellgelbe, dunkelgelbe, zitronengelbe, safrangelbe Knöpfe).

Transfer zum Alltag:
Das Kind kann Gegenstände unabhängig von der Größe nach Farben sortieren und dies im Alltag anwenden.

Herbstblätter sortieren

Das benötigen Sie:
weiße, dicke Pappe; Filzstift; Lineal; getrocknete Blätter in 3–4 unterschiedlichen Blattformen; Klarsichtfolie; Laminier-Folie; Laminier-Gerät; Korb

Das ist vorzubereiten:
Zeichen Sie die Umrisse der Blätter auf die weiße Pappe und teilen Sie die Pappe in Felder ein (s. Foto). Laminieren Sie die getrockneten Blätter und überziehen Sie die Pappe mit Klarsichtfolie. (Die Materialien bleiben dadurch länger haltbar.)

So führen Sie die Übung ein:
Nehmen Sie eines der Blätter aus dem Korb. Betrachten Sie es genau und vergleichen Sie seine Form mit den aufgezeichneten Blattumrissen. Finden Sie die passende Form, so legen Sie das Blatt in der Spalte darunter ab. Verfahren Sie mit den anderen Blättern ebenso. Am Ende räumen Sie alle Blätter wieder in den Korb. Das Kind kann die Arbeit wiederholen.

Fehlerkontrolle:
- Das Blatt passt in die aufgemalte Form.

Transfer zum Alltag:
Das Kind kann unterschiedliche Formen erkennen und einander zuordnen.

Gummi, Plastik, Holz …

Das benötigen Sie:
kleine Box mit Schubladen o. Ä.; je 5–6 Materialien aus Glas, Metall, Plastik, Gummi, Holz; transparente Klebefolie; Korb

Das ist vorzubereiten:
Achten Sie beim Sammeln der Materialien darauf, dass sie sich eindeutig zuordnen lassen. Geben Sie alle Gegenstände in den Korb.

Befestigen Sie auf den Schubladen jeweils einen kleinen Gegenstand einer entsprechenden Materialgruppe mit Klebefolie. Schreiben Sie in Großbuchstaben das Material dazu.

So führen Sie die Übung ein:
Stellen Sie den Korb mit den Materialien vor sich. Wählen Sie ein beliebiges Teil daraus aus. Benennen Sie das Material, aus dem es hergestellt ist. Geben Sie dem Kind den Gegenstand in die Hände, so dass es ihn wahrnehmen kann. Suchen Sie das passende Schubfach und legen Sie den Gegenstand hinein. Sortieren Sie zu jedem Material ein Teil in die entsprechende Schublade. Beziehen Sie dann das Kind in die Arbeit mit ein.

Fehlerkontrolle:
- Das Kind kann sehen, hören und fühlen, ob ein Material zu den anderen in der jeweiligen Gruppe passt.

Weitere Möglichkeiten:
- Das Kind arbeitet mit einer Augenbinde.
- Tauschen Sie von Zeit zu Zeit die Materialien aus.
- Tauschen Sie von Zeit zu Zeit auch die Materialgruppen aus.
- Anstelle der Materialgruppen sortieren die Kinder Gegenstände ein, die zu bestimmten Oberbegriffen gehören (*Nadel:* Haarnadel, Webnadel, Tannennadel, Anstecknadel, Stricknadel; *Löffel:* Suppenlöffel, Teelöffel, Plastiklöffel; *Schmuck:* Armband, Kette, Ring, Anstecknadel …).

Transfer zum Alltag:
Das Kind kennt unterschiedliche Ordnungskriterien und kann bei Sortierarbeiten helfen.

2. »Passt es oder passt es nicht?« – Auf- und Einsteckübungen

Einsteckübungen sind Arbeiten, bei denen es darum geht, Dinge unterschiedlicher Art ineinander einzuführen. In den folgenden Übungen sind dies teils kleine Dinge, die in entsprechende Löcher gesteckt werden sollen (z. B. Musterklammern), teils sind es größere Teile, die die Kinder handhaben müssen (Servietten und Serviettenringe).

Vor allem das Einpassen kleiner Gegenstände trainiert die Hand- und Fingermuskulatur. Die Kinder können zunächst den Pinzettengriff verfeinern, bei dem die Gegenstände noch mit gestrecktem Zeigefinger und Daumen aufgenommen werden, und sich des Weiteren im Zangengriff üben: Hier wird bereits mit gekrümmten Fingern gearbeitet. Die Übungen kräftigen und schulen somit die Finger- und Handmotorik.

Einsteckübungen fördern darüber hinaus das beidhändige Arbeiten des Kindes. Bei den Übungen wird die Hand-Hand-Koordination und die Auge-Hand-Koordination geschult, die Feinmotorik trainiert sowie Konzentration und Ausdauer gefördert. Darüber hinaus wird das Abschätzen von Größenverhältnissen und das genaue Einpassen geübt.

Servietten und Serviettenringe

Das benötigen Sie:
6 Servietten; 6 Serviettenringe; kleines Körbchen; Tablett

So führen Sie die Übung ein:
Legen Sie eine Serviette vor sich. Rollen Sie sie zusammen. Nehmen Sie einen Serviettenring und führen Sie die Serviette bis zur Mitte durch die Öffnung. Alle anderen Servietten werden ebenfalls gerollt und in die Serviettenringe gesteckt. Ist die Arbeit beendet, werden alle Servietten wieder aus den Serviettenringen gezogen und glatt gestrichen.

Das Kind kann die Arbeit wiederholen.

Fehlerkontrolle:
- Die Servietten werden zu locker gerollt, so dass sie sich nicht durch die Öffnung der Serviettenringe schieben lassen.
- Die Arbeit wirkt unordentlich, da die Servietten schief oder zerknittert eingerollt wurden.

Weitere Möglichkeiten:
- Bieten Sie unterschiedliche Serviettenringe an.
- Legen Sie andere Servietten (z. B. aus Papier oder in anderen Größen) bereit.
- Zeigen Sie dem Kind weitere Möglichkeiten, die Servietten dekorativ in den Serviettenringen zu platzieren (z. B. Aufrollen von einer Ecke her).

Transfer zum Alltag:
Das Kind kann beim Tischdecken helfen und hier die Servietten vorbereiten.

CDs einsortieren

Das benötigen Sie:
6–8 CDs; 6–8 CD-Hüllen; CD-Spindel; weiches Tuch; Tablett

Das ist vorzubereiten:
Nehmen Sie alle CDs aus den Hüllen und stecken Sie sie auf die CD-Spindel.

So führen Sie die Übung ein:
Zeigen Sie dem Kind, wie die CD-Spindel gehandhabt wird.

Nehmen Sie eine CD-Hülle und demonstrieren Sie dem Kind, wie es sie öffnen kann. Legen Sie die Hülle offen vor sich hin. Nehmen Sie mit beiden Händen eine CD aus der Spindel. Zeigen Sie dem Kind die glänzende Seite und machen Sie es darauf aufmerksam, wenn hier Fingerabdrücke zu sehen sind. Wischen Sie die CD bei Bedarf mit dem Tuch sauber.

Legen Sie die CD in die CD-Hülle. Drücken Sie die CD auf den Dorn in der Mitte des Hüllenbodens. Klappen Sie den Deckel zu. Verfahren Sie mit allen anderen CDs ebenso. Zum Schluss wird jede CD-Hülle wieder geöffnet, und die CDs werden auf die Spindel gesteckt.

Schieben Sie dann die CD-Spindel zu dem Kind, damit es selbstständig arbeiten kann.

Fehlerkontrolle:
- Eine oder mehrere CDs sitzen nicht auf dem Dorn und fallen aus der Hülle heraus.

Weitere Möglichkeiten:
- Lenken Sie ganz gezielt die Aufmerksamkeit des Kindes auf die Rückseiten der CDs. Hier dürfen keine Flecken (z. B. Fingerabdrücke) zu sehen sein.
- Bieten Sie verschiedene CD- und DVD-Hüllen an.
- Legen Sie CDs bereit, die sich optisch unmissverständlich bestimmten Hüllen zuordnen lassen. Das Kind soll nun die CDs und die Hüllen paaren.

Transfer zum Alltag:
Das Kind kennt den sachgerechten Umgang mit CDs. Es kann z. B. seine eigenen CDs in Ordnung halten und sachgemäß einräumen.

Briefklammern einstecken

Das benötigen Sie:
2 gelochte Pappstreifen aus festem Karton; Briefklammern in der Anzahl der Löcher; kleines Schälchen; Tablett

Das ist vorzubereiten:
Schneiden Sie zwei schmale Pappstreifen zurecht und lochen Sie sie in gleichmäßigen Abständen (ca. 10–12 Löcher).

So führen Sie die Übung ein:
Legen Sie die beiden Pappstreifen aufeinander. Nehmen Sie eine Briefklammer und führen Sie sie in die ersten Löcher der Pappen. Drehen Sie die Streifen um. Biegen Sie die beiden Klammerflügel auseinander.

Befestigen Sie nach und nach alle Briefklammern an den Pappen.

Zeigen Sie nun dem Kind, wie die Klammern durch Zusammendrücken der Flügel wieder geöffnet und aus dem Pappstreifen gezogen werden.

Liegen alle Briefklammern wieder in dem Schälchen, kann das Kind die Arbeit wiederholen.

Fehlerkontrolle:
- Die Briefklammern finden keinen Halt, da das Kind die Flügel nicht fest genug auseinandergedrückt hat.
- Die Pappstreifen liegen nicht aufeinander, da das Kind die Klammer(n) falsch eingeführt hat.

Weitere Möglichkeiten:
- Bieten Sie unterschiedlich große Briefklammern mit unterschiedlichen Köpfen an.
- Legen Sie mehr als zwei Pappstreifen bereit, die das Kind mit den Klammern verbinden kann.

Transfer zum Alltag:
Das Kind kennt die Handhabung der Briefklammern. Es kann damit z.B. entsprechende Briefe verschließen.

Diarahmen einpassen

Das benötigen Sie:
20–30 Diarähmchen; Diamagazin; Schälchen; Tablett

Das ist vorzubereiten:
Legen Sie die Diarähmchen in das Schälchen. Ordnen Sie die Materialien auf einem Tablett an, auf dem das Kind arbeiten kann.

So führen Sie die Übung ein:
Stellen Sie das Tablett vor sich. Nehmen Sie ein Diarähmchen und zeigen Sie dem Kind, wie Sie es in das Magazin einstecken. Achten Sie darauf, dass es gerade eingesteckt ist. Sortieren Sie weitere Rähmchen hinter das erste. Dann übergeben Sie dem Kind die Arbeit. Sind alle Diarähmchen eingesteckt, werden sie wieder zurück in das Schälchen gelegt. Das Kind kann die Arbeit nun wiederholen.

Fehlerkontrolle:
- Das optische Bild ist gestört, da ein oder mehrere Diarähmchen schief eingesetzt sind.

Transfer zum Alltag:
Das Kind kann schmale Dinge in entsprechende Öffnungen einführen.

Eier und Eierwärmer

Das benötigen Sie:
4–6 Eierbecher; 4–6 Eierwärmer; 4–6 Gummi- oder Plastikeier; 2 kleine Körbchen; Tablett

Das ist vorzubereiten:
Legen Sie die Eierwärmer und die Eier in die Körbchen. Alle Materialien kommen auf das Tablett.

So führen Sie die Übung ein:
Das Kind bringt das Tablett zum Tisch. Stellen Sie die Eierbecher nebeneinander. Nehmen Sie ein Ei und betrachten Sie es. Machen Sie das Kind dabei auf die beiden unterschiedlichen Enden aufmerksam, u. a. indem Sie mit den Fingern darüberfahren. Setzen Sie das Ei mit der Spitze nach oben in einen Eierbecher. Nehmen Sie einen Eierwärmer und ziehen Sie ihn über das Ei. Verfahren Sie mit den restlichen Eiern ebenso.

Ziehen Sie die Eierwärmer wieder ab und geben Sie sie zurück in das Körbchen. Die Eier werden ebenfalls wieder in das (zweite) Körbchen gelegt.

Das Kind wiederholt die Übung.

Hat es die Arbeit beendet, werden Eier und Eierwärmer wieder auf die Körbchen verteilt. Das Kind stellt das Tablett zurück ins Regal.

Fehlerkontrolle:
- Ein oder mehrere Eierwärmer sitzen schief auf den Eiern. Dies ergibt ein unordentliches Gesamtbild.

Weitere Möglichkeiten:
- Das Kind benutzt Eierwärmer aus verschiedenen Materialien (Wolle, Plastik, Stoff, Filz).
- Bieten Sie unterschiedliche Eierbecher an.
- Das Kind arbeitet mit echten Eiern.

Transfer zum Alltag:
Das Kind kann im häuslichen Umfeld bei der Zubereitung der Frühstückseier helfen und diese mit Eierwärmern versehen.

3. »Löffeln will gelernt sein!« – Löffelübungen

Mit einem Löffel umzugehen fällt uns Erwachsenen nicht schwer. Mal mehr, mal weniger geschickt gelingt es uns, mit diesem Werkzeug zu essen oder Lebensmittel über kurze Distanzen zu transportieren und sie von einem Gefäß in ein anderes zu füllen, ohne etwas zu verschütten.

Damit auch Kinder lernen, sicher mit einem Löffel umzugehen, müssen wir ihnen immer wieder die Möglichkeit zum Üben geben.

Mit Grobkörnigem und großen Löffeln gelingt das Arbeiten schon den Dreijährigen. Sie füllen das Material von einem großen Gefäß in ein anderes. Älteren Kindern können wir zusätzlich Feinkörniges (Sand, Gries, Salz ...) oder Zähflüssiges (Kleister) zum Löffeln anbieten und schließlich zu Flüssigem (Wasser, gefärbt und ungefärbt) übergehen. Die Kinder benutzen unterschiedliche Löffel, löffeln die Materialien in immer kleiner werdende Gefäße oder verteilen sie auf mehrere Gefäße. Auch hier gilt es, das didaktische Prinzip »Vom Einfachen zum Komplexen« zu beachten.

Die Kinder lernen ihre Bewegungen zu koordinieren und zu kontrollieren. Die Konzentration wird geschult, denn es kommt darauf an, den Löffel ruhig und mit ganzer Aufmerksamkeit zu führen. Die Reaktionsfähigkeit und die Bewegungssteuerung werden trainiert. Die Kinder sind immer wieder gefordert, die eigene Körpermitte zu überkreuzen, ihren Krafteinsatz und ihren Muskeltonus zu steuern. Der Gebrauch der unterschiedlichen Löffel trägt auch zur Wortschatzerweiterung bei, wenn Sie die einzelnen Materialien (Suppenlöffel, Teelöffel, Vorlegelöffel, Schöpflöffel ...) auch benennen.

Sand löffeln

Das benötigen Sie:
2 kleine Schüsseln; Sand; unterschiedliche Löffel; schmales Tablett für die Löffel; Tablett

Das ist vorzubereiten:
Füllen Sie eine der Schüsseln mit Sand.

So führen Sie die Übung ein:
Stellen Sie die Schüsseln dicht nebeneinander. Greifen Sie den Löffel und nehmen Sie damit Sand aus der Schüssel auf. Führen Sie den Löffel vorsichtig über die andere Schüssel und lassen Sie den Sand in der Mitte der Schüssel vom Löffel gleiten. Wiederholen Sie diesen Vorgang, bis sich kein Sand mehr in der Schüssel befindet. Eventuell müssen Sie die Schüssel am Ende etwas kippen, damit der restliche Sand mit dem Löffel aufgenommen werden kann.

Das Kind wiederholt die Übung.

Fehlerkontrolle:
- Sand fällt auf das Tablett.

Weitere Möglichkeiten:
- Tauschen Sie von Zeit zu Zeit die Löffel aus.
- Die Kinder löffeln den Sand aus anderen Gefäßen.
- Bieten Sie unterschiedliche Materialien zum Löffeln an (z. B. Reis, Gries, Kieselsplitt, Mehl, Getreidekörner).

Transfer zum Alltag:
Das Kind kann mit unterschiedlichen Löffeln sicher umgehen und Materialien damit umfüllen. Es kann z. B. beim Backen Mehl aus der Vorratsdose in eine Schüssel füllen, Kakao aus der Dose in einen Becher geben, Haferflocken in ein Schälchen löffeln.

Linsen mit dem Löffel verteilen

Das benötigen Sie:
3 kleine Gläschen; größeres Schälchen; kleiner Löffel (Senflöffel oder Espressolöffel); Linsen; Tablett

Das ist vorzubereiten:
Messen Sie die benötigten Linsen ab. Verteilen Sie sie anschließend gleichmäßig auf die kleinen Gläschen. Schütten Sie die Linsen schließlich in das größere Schälchen.

So führen Sie die Übung ein:
Verteilen Sie mit dem Löffel die Linsen gleichmäßig auf alle Gläschen. Prüfen Sie das Ergebnis ganz bewusst und machen Sie das Kind darauf aufmerksam, dass alle Gläschen gleich voll sind.

Schütten Sie die Linsen wieder zurück in das nun leere Schälchen. Schieben Sie das Material zu dem Kind, damit es die Arbeit wiederholen kann.

Fehlerkontrolle:
- Die Linsen fallen auf das Tablett.
- Die Gläser sind unterschiedlich gefüllt.

Weitere Möglichkeiten:
- Variieren Sie das Löffelangebot.
- Tauschen Sie die Gläschen aus und ersetzen Sie sie von Zeit zu Zeit durch Schälchen aus anderen Materialien (Porzellan, Metall, Plastik, Holz).
- Bieten Sie z. B. Reis, grobes Salz, Krümelkandis oder Kieselsplitt zum Löffeln an.
- Markieren Sie die Gläschen. Das Kind soll nur bis zur Markierung Material einfüllen.

Transfer zum Alltag:
Das Kind kann sicher und geschickt Material löffeln und gleichmäßig auf mehrere Gefäße verteilen.

Tischtennisbälle löffeln

Das benötigen Sie:
8–10 Tischtennisbälle; große Glasschüssel; kleine Schüssel; Wasser; Schöpflöffel; Tuch; wasserfestes Tablett

Das ist vorzubereiten:
Füllen Sie eine Schüssel mit Wasser. Die Tischtennisbälle kommen in die leere Schüssel.

So führen Sie die Übung ein:
Geben Sie die Tischtennisbälle vorsichtig in die mit Wasser gefüllte Schüssel.

Nehmen Sie mit dem Löffel einen Tischtennisball auf. Halten Sie den Löffel ein klein wenig über der Schüssel, damit das Wasser abtropfen kann. Führen Sie den Löffel dann über die leere Glasschüssel und lassen Sie den Tischtennisball langsam vom Löffel in die Schüssel gleiten.

Wiederholen Sie diesen Vorgang noch ein- bis zweimal. Fragen Sie das Kind, ob es die Arbeit übernehmen möchte.

Fehlerkontrolle:
- Ein oder mehrere Tischtennisbälle fallen vom Löffel.
- Wasser tropft auf das Tablett.

Weitere Möglichkeiten:
- Die Kinder arbeiten mit gefärbtem Wasser.
- Sie löffeln andere Materialien, die auf dem Wasser schwimmen.
- Bieten Sie unterschiedliche Löffel an.
- Variieren Sie die Gefäße, aus denen die Kinder löffeln.

Transfer zum Alltag:
Das Kind kann gezielt Gegenstände aus Flüssigkeiten löffeln (Oliven aus dem Olivenglas, Gurken aus einem Gurkenglas …).

Wasser schöpfen

Das benötigen Sie:
großes, hohes Glasgefäß; undurchsichtiges hohes Gefäß o. Ä.; Wasser; Schöpflöffel; wasserfestes Tablett; Tuch

Das ist vorzubereiten:
Füllen Sie eine der Schüsseln mit Wasser.

So führen Sie die Übung ein:
Platzieren Sie die beiden Schüsseln dicht nebeneinander.

Nehmen Sie mit dem Schöpflöffel Wasser auf. Führen Sie den Schöpflöffel vorsichtig über die leere Schüssel. Lassen Sie das Wasser langsam in die Schüssel laufen. Wiederholen Sie den Vorgang, bis sich kein Wasser mehr in der linken (bei linkshändigen Kindern in der rechten) Glasschüssel befindet. Legen Sie den Schöpflöffel zur Seite. Schieben Sie das Tablett vor das Kind, damit es tätig werden kann.

Fehlerkontrolle:
- Wasser wird verschüttet.

Weitere Möglichkeiten:
- Das Kind arbeitet mit gefärbtem Wasser.
- Das Kind verteilt mit dem Schöpflöffel Wasser aus der großen Glasschüssel auf mehrere kleine Schüsseln.
- Bieten Sie Schöpfkellen aus unterschiedlichem Material und in unterschiedlichen Größen an.

Transfer zum Alltag:
Das Kind kann flüssige Speisen (Suppen, Soßen) umfüllen.

4. »Sesam, öffne dich!« – Übungen zum Öffnen und Schließen

Achten Sie einmal darauf, wie oft Sie am Tag mit dem Öffnen und Schließen der unterschiedlichsten Gegenstände beschäftigt sind. Sie werden überrascht sein, mit wie vielen Pappkartons, Schraubgläsern, Flaschen, Schachteln, Dosen mit ganz unterschiedlichen Verschlusstechniken Sie tagtäglich in Berührung kommen. Während der Umgang des Erwachsenen mit diesen Dingen rein zweckmäßig geschieht, öffnen und schließen Kinder Gegenstände, weil sie Freude an diesem Tun haben und dabei ihre Neugierde befriedigen können.

Da es unzählige Verschlussmöglichkeiten gibt, müssen sich Kinder im Öffnen und Schließen der verschiedenen Gegenstände immer wieder üben. Große Behältnisse mit gleichen Verschlussprinzipien sind gerade für junge Kinder geeignetes Übungsmaterial. Ältere Kinder lieben dagegen das Öffnen und Schließen kleiner Gegenstände mit diffizilen Verschlusstechniken.

Hier ist zum Teil ein sehr sorgsamer Umgang mit den Dingen notwendig. Verpackungen aus Pappe z. B. müssen behutsam geöffnet und geschlossen werden, damit die Pappe nicht zerreißt oder zerknickt. Korken dürfen nicht zu kraftvoll in Flaschenhälse gedrückt werden, da sie sonst abbrechen können.

Durch die Handhabung der unterschiedlichen Verschlüsse üben die Kinder die angepasste Dosierung der Kraft, die zum Öffnen und Schließen der Behälter jeweils erforderlich ist. Sie schulen ihre Konzentration, trainieren ihre Fingergeschicklichkeit und ihre Auge-Hand-Koordination. Die Übungen erfordern die Zusammenarbeit beider Hände. Dies verbessert die Hand-Hand-Koordination und die Kooperation beider Gehirnhälften. Beim Einsortieren der Gegenstände in die Behälter und beim Einpassen der Verschlüsse werden zudem die mathematischen Vorläuferfähigkeiten geschult.

Korken einpassen

Das benötigen Sie:
5–6 unterschiedliche Glasflaschen mit passenden Korken; kleines Körbchen; Tablett

Das ist vorzubereiten:
Legen Sie die Korken in das Körbchen. Stellen Sie die Flaschen und das Körbchen auf das Tablett.

So führen Sie die Übung ein:
Wählen Sie einen Korken aus und suchen Sie die dazu passende Flaschenöffnung. Lässt sich der Korken in den Flaschenhals führen, so drücken Sie ihn leicht hinein. Verfahren Sie mit den nächsten Korken ebenso.

Sind alle Flaschen verkorkt, ist die Übung beendet. Ziehen Sie die Korken aus den Flaschen und geben Sie sie zurück in das Körbchen.

Das Kind kann die Übung wiederholen.

Fehlerkontrolle:
- Ein oder mehrere Korken lassen sich nicht zuordnen.
- Ein oder mehrere Korken fallen in die Flasche.

Weitere Möglichkeiten:
- Bieten Sie unterschiedliche Gefäße zum Verkorken an.

Transfer zum Alltag:
Das Kind kann Korken verschiedenen Öffnungen zuordnen und damit Gläser und Flaschen verschließen.

Parfümflaschen verschließen

Das benötigen Sie:
6–8 leere Parfümflaschen mit unterschiedlichen Verschlüssen; großer Korb; Platzdeckchen (Tischset); Tablett

Das ist vorzubereiten:
Prüfen Sie, ob die Flaschen wirklich leer sind, bevor Sie sie den Kindern zur Verfügung stellen!

So führen Sie die Übung ein:
Legen Sie das Set auf den Tisch. Auf ihm wird gearbeitet.

Nehmen Sie die Flaschen aus dem Korb. Entfernen Sie die Deckel und legen Sie sie hintereinander in einer langen Reihe vor sich. Stellen Sie die Parfümflaschen ebenfalls in einer Reihe neben die Verschlüsse.

Nehmen Sie die erste Flasche und den ersten Verschluss. Lässt die Flasche sich damit verschließen, stellen Sie sie rechts neben sich. Passt der Deckel nicht, legen Sie ihn nach links. Nehmen Sie den nächsten Deckel und prüfen Sie, ob er passt. Lässt die Flasche sich damit auch nicht verschließen, kommt er wieder nach links, und der nächste Deckel ist an der Reihe. Verfahren Sie genauso weiter, bis der passende Deckel gefunden ist. Die Flasche kommt dann wieder nach rechts. Die Deckel werden zurück in die Reihe gelegt.

Sind alle Parfümflaschen mit den passenden Deckeln verschlossen, ist die Übung beendet. Das Kind kann sie nun wiederholen.

Fehlerkontrolle:
- Es bleiben ein oder mehrere Deckel übrig, die sich keiner Flasche zuordnen lassen.
- Die Deckel sitzen nicht richtig auf den Parfümflaschen.

Weitere Möglichkeiten:
- Tauschen Sie von Zeit zu Zeit die Parfümflaschen aus.

Transfer zum Alltag:
Das Kind kann Deckel den passenden Flaschen zuordnen und diese verschließen.

Dosen mit Schraubverschluss

Das benötigen Sie:

6–8 Dosen oder kleine Fläschchen mit Schraubverschluss; Platzdeckchen (Tischset); Korb; Tablett

So führen Sie die Übung ein:

Nehmen Sie eine Dose aus dem Korb. Schrauben Sie den Verschluss ab und legen Sie ihn zurück in den Korb. Verfahren Sie mit allen anderen Dosen ebenso.

Stellen Sie die Dosen hintereinander auf. Dann ordnen Sie die Schraubverschlüsse parallel, aber wahllos neben den Dosen an.

Nehmen Sie die erste Dose und den ersten Schraubverschluss und probieren Sie, ob er sich aufschrauben lässt. Ist dies der Fall, stellen Sie die Dose zur Seite. Passen Deckel und Dose nicht zusammen, wird der Deckel zur Seite gelegt und der nächste probiert. Dies wird so lange durchgeführt, bis der passende Schraubverschluss gefunden ist. Die zur Seite gelegten Deckel werden wieder in die Reihe eingeordnet.

Sind alle Dosen verschlossen, ist die Übung beendet. Lassen Sie nun das Kind tätig werden.

Fehlerkontrolle:

- Ein oder mehrere Deckel sind schief aufgeschraubt.
- Ein oder mehrere Dosen bleiben unverschlossen bzw. Deckel bleiben übrig.

Weitere Möglichkeiten:

- Bieten Sie den Kindern von Zeit zu Zeit andere Dosen an.

Transfer zum Alltag:

Das Kind kann selbstständig Dosen mit Schraubverschlüssen öffnen und schließen.

Deckel zuordnen

Das benötigen Sie:
5–6 leere kleine Plastikbehälter mit unterschiedlichen Verschlusstechniken (z. B. zum Aufdrücken, Aufdrehen, Aufklappen oder Aufstecken); Korb; Tablett

Das ist vorzubereiten:
Entfernen Sie nach Möglichkeit die Etiketten der Behälter, damit das Kind davon nicht abgelenkt wird. Spülen Sie die Behälter gründlich aus. Geben Sie sie in das Körbchen.

So führen Sie die Übung ein:
Entfernen Sie die Verschlüsse der Behälter. Alle Behälter und alle Verschlüsse werden, soweit möglich, in einer Reihe in beliebiger Reihenfolge hintereinander aufgestellt.

Nehmen Sie das erste Plastikgefäß und den ersten Verschluss. Probieren Sie, ob er passt. Ist dies der Fall, so verschließen Sie den Behälter. Passen die Teile nicht zusammen, so legen Sie den Deckel zur Seite. Versuchen Sie es nun mit dem nächsten Verschluss. Arbeiten Sie so lange weiter, bis der richtige Deckel gefunden ist. Dann werden alle Verschlüsse, die auf der Seite liegen, wieder in einer Reihe neben den Behältern hingelegt.

Ordnen Sie nach und nach alle Deckel zu.

Fehlerkontrolle:
- Ein oder mehrere Behälter lassen sich nicht verschließen, da ihnen die falschen Verschlüsse zugeordnet sind.

Weitere Möglichkeiten:
- Das Kind arbeitet mit Augenbinde.

Transfer zum Alltag:
Das Kind kennt unterschiedliche Verschlusstechniken und kann somit Behältnisse öffnen und verschließen (z. B. Shampoo-Flasche, Ketchup-Flasche ...).

Lockenwickler öffnen und schließen

Das benötigen Sie:

8–12 Lockenwickler mit Gummizugverschluss; 2 Körbchen; Tablett

Das ist vorzubereiten:

Legen Sie alle Lockenwickler mit geöffnetem Verschluss in eines der Körbchen.

So führen Sie die Übung ein:

Nehmen Sie einen Lockenwickler und halten Sie ihn senkrecht, so dass der Verschluss herunterhängt. Ziehen Sie das Gummiband nach oben, bis das Loch des Gummis über dem Verschluss ist. Ziehen Sie den Gummi langsam und deutlich über das hochstehende Plastikteil. Legen Sie den Lockenwickler in das leere Körbchen. Verfahren Sie mit den restlichen Wicklern ebenso. Drehen Sie nun das Tablett um. Der leere Korb steht jetzt links. Öffnen Sie die Lockenwickler wieder einzeln. Auch dies geschieht langsam und überdeutlich, so dass das Kind die Handlung genau beobachten kann.

Seine Aufgabe ist es nun, alle Wickler wieder zu verschließen.

Fehlerkontrolle:

- Der Verschluss hält nicht.

Weitere Möglichkeiten:

- Bieten Sie Lockenwickler mit unterschiedlichen Durchmessern an.

Transfer zum Alltag:

Das Kind kann gezielt einen Gummi spannen, befestigen und lösen.

Stifte verschließen

Das benötigen Sie:
Stifte mit unterschiedlichen Deckeln (Füller, Filzstifte, Textmarker, Eddings usw.); hohes Glasgefäß; Schälchen; Tablett

Das ist vorzubereiten:
Prüfen Sie, ob die Stifte noch schreiben. Es sollen nur solche zum Einsatz kommen, die nicht mehr gebrauchsfähig sind!

So führen Sie die Übung ein:
Entfernen Sie die Deckel der Stifte und legen Sie sie in das kleine Körbchen. Wählen Sie einen Deckel aus. Suchen Sie den passenden Stift. Ist er gefunden, wird der Deckel aufgesteckt und der Stift in das Glasgefäß gestellt. Sind alle Deckel den Stiften zugeordnet, ist die Übung beendet.

Das Kind kann mit der Arbeit beginnen.

Fehlerkontrolle:
- Ein oder mehrere Deckel können nicht zugeordnet werden.

Weitere Möglichkeiten:
- Das Kind arbeitet mit Augenbinde.
- Das Kind benutzt Stifte, die noch gebrauchsfähig sind.

Transfer zum Alltag:
Das Kind kann Deckel den entsprechenden Stiften zuordnen und sie aufstecken (z. B. Filzstifte verschließen).

Schlüssel und Schlösser

Das benötigen Sie:
4–6 Schlüssel und Schlösser in unterschiedlichen Größen; 2 Körbchen; Tablett

Das ist vorzubereiten:
Alle Schlösser liegen geschlossen in einem Körbchen, alle Schlüssel in dem anderen.

So führen Sie die Übung ein:
Legen Sie die Schlösser untereinander. Ordnen Sie parallel dazu die Schlüssel an.

Nehmen Sie den untersten Schlüssel und testen Sie, ob er in das danebenliegende Schloss passt. Ist es der richtige Schlüssel, so zeigen Sie dem Kind, wie er in das Schloss eingeführt und umgedreht und wie so das Schloss geöffnet wird. Ist es der falsche Schlüssel, so nehmen Sie das nächste Schloss. Dies wird so lange fortgesetzt, bis das passende Schloss gefunden ist.

Paaren Sie alle Schlösser und Schlüssel. Anschließend verschließen Sie die Schlösser und legen die Materialien zurück in die Körbchen.

Laden Sie das Kind ein, die Übung durchzuführen.

Fehlerkontrolle:
- Ein oder mehrere Schlösser können nicht geöffnet werden, da das Kind die falschen Schlüssel benutzt.

Weitere Möglichkeiten:
- Variieren Sie die Schlüssel und Schlösser.
- Stellen Sie Materialien her, die es den Kindern ermöglichen, mit den Schlössern etwas zu verschließen, z. B. ein Schränkchen, eine kleine Schatztruhe …

Transfer zum Alltag:
Das Kind kann mit einem Schlüssel umgehen und ein Schloss öffnen.

5. »Aufgepasst, sonst geht's daneben!« – Schütt- und Gießübungen

Mit einer Gießkanne Blumen zu gießen, Kaffee in eine Tasse oder Wasser in ein Glas zu schütten sind Tätigkeiten, die uns Erwachsenen in der Regel mühelos gelingen. Dabei sind wir uns der Vielschichtigkeit und der Komplexität dieser Arbeiten kaum mehr bewusst. Neben den unterschiedlichen Materialien, die wir tagtäglich umgießen und umschütten, benutzen wir zudem viele verschiedene Gefäße, die das Arbeiten erleichtern oder erschweren.

Ein Kind muss die einzelnen Handlungen und Handlungsschritte erst üben, damit sie ihm ebenso mühelos von der Hand gehen wie uns. Hierbei gilt es zu beachten, dass wir ihm durch den Aufbau der Übungen Hilfe geben können. Wie bei allen Arbeiten gilt auch hier das Prinzip »Vom Einfachen zum Komplexen«.

Dementsprechend bieten wir den Kindern zunächst Schüttübungen mit festen Materialien an (z. B. Linsen, dicke Bohnen, Sand), die von einem Gefäß in ein anderes umgefüllt werden. Hier können sich die Kinder ganz auf den Vorgang des Schüttens konzentrieren, da sich das Schüttmaterial recht gut kontrollieren lässt. Gefäße aus Glas ermöglichen es, den Schüttvorgang genau zu beobachten. Sind die Kinder darin geschickt, können Übungen folgen, in denen andere Materialien und andere Gefäße zum Einsatz kommen. So verteilen die Kinder das Schüttgut von einem großen auf mehrere identische kleine, undurchsichtige Gefäße. Die Übungen werden immer komplexer und diffiziler, bis es den Kindern gelingt, Materialien in unterschiedlichen Zuständen (fest, z. B. Bohnen, Reis, Linsen; labil, z. B. Kleister; flüssig, z. B. Wasser) in ganz unterschiedliche Gefäße zu schütten und zu gießen.

Neben einem hohen Maß an Konzentration wird dabei in besonderer Weise die Auge-Hand-Koordination und die Zusammenarbeit beider Hände gefördert. Des Weiteren dienen die Übungen der Schulung der mathematischen Vorläuferfähigkeiten. So lernen die Kinder z. B. unbewusst, unterschiedliche Volumina der Gefäße und unterschiedliche Mengen abzuschätzen. Das Verteilen des Schüttguts bereitet bereits indirekt auf verschiedene mathematische Operationen vor. Die Kinder trainieren ihre Reaktionsfähigkeit, wenn es darum geht, die Gieß- bzw. Schüttbewegung rechtzeitig zu stoppen, bevor etwas verschüttet wird. Sie lernen ihren Muskeltonus zu steuern und ihre Bewegungen zu koordinieren. Der barische Sinn (Gewichtssinn) wird geschult, denn die Kinder spüren z. B., dass die Kanne leichter wird, je mehr Wasser sie ausgießen.

Linsen umschütten

Das benötigen Sie:
2 identische kleine Gießgefäße; Linsen; Tablett

Das ist vorzubereiten:
Füllen Sie eines der Gefäße mit Linsen.

So führen Sie die Übung ein:
Halten Sie das leere Gefäß mit einer Hand fest, während Sie mit der anderen langsam und vorsichtig die Linsen umschütten.

Fordern Sie das Kind auf, tätig zu werden.

Fehlerkontrolle:
- Linsen fallen auf das Tablett.

Weitere Möglichkeiten:
- Das Kind schüttet andere feste Materialien von einem Gefäß in ein anderes.

Transfer zum Alltag:
Das Kind kann z. B. Lebensmittel sicher von einem kleinen Gefäß in ein anderes umschütten.

Sand schütten

Das benötigen Sie:

Glasgefäß mit Deckel (Sahne- oder Honigspender); Sand; Glasschale; Trichter; Tablett

Das ist vorzubereiten:

Füllen Sie das Glasgefäß mit Sand und schrauben Sie den Deckel zu.

So führen Sie die Übung ein:

Zeigen Sie dem Kind, wie der Schieber des Deckels gehandhabt wird.

Ziehen Sie den Schieber mit dem Daumen zurück und schütten Sie den Sand aus dem Gefäß in die Glasschale. Drehen Sie den Deckel ab. Setzten Sie den Trichter auf das Glas und schütten Sie den Sand aus der Glasschale in das Glasgefäß. Legen Sie den Trichter zur Seite und verschrauben Sie das Glasgefäß.

Schieben Sie die Materialien vor das Kind, damit es die Übung ausprobieren kann.

Fehlerkontrolle:

- Das Kind verschüttet Sand.
- Es kommt kein Sand aus dem Glasgefäß, da das Kind den Schieber nicht betätigen kann.

Weitere Möglichkeiten:

- Das Kind schüttet andere Materialien um (auch Flüssiges).
- Das Kind schüttet den Sand in ein Gefäß aus Ton, Porzellan ...
- Das Kind verteilt das Schüttgut gleichmäßig auf mehrere Gefäße.

Transfer zum Alltag:

Das Kind kann Material in ein Gefäß schütten und mit dem Trichter umgehen.

Arbeiten mit dem Trichter

Das benötigen Sie:
2 identische große Gläser; Sand; Trichter; Tablett

Das ist vorzubereiten:
Füllen Sie eines der Gläser mit Sand.

So führen Sie die Übung ein:
Stellen Sie die beiden Gläser nebeneinander, und stellen Sie den Trichter auf das leere Glas. Nehmen Sie das Glas mit dem Sand in die Hand. Mit der anderen Hand halten Sie den Trichter über das leere Glas. Schütten Sie nun langsam den Sand in den Trichter. Ist das Glas leer, stellen Sie es wieder auf das Tablett. Nehmen Sie den Trichter aus dem Glas und legen Sie ihn ebenfalls auf das Tablett.

Die Arbeit ist beendet, und das Kind kann aktiv werden.

Fehlerkontrolle:
- Sand wird verschüttet.
- Der Sand staut sich im Trichter.

Weitere Möglichkeiten:
- Die Kinder füllen andere Materialien um (Reis, Zucker, Wasser).
- Stellen Sie unterschiedliche Gefäße zum Arbeiten bereit.
- Die Kinder benutzen unterschiedlich große Trichter.

Transfer zum Alltag:
Das Kind kann mit dem Trichter umgehen und damit z. B. Wasser in eine Trinkflasche füllen.

Wasser schütten

Das benötigen Sie:
Vase mit kleiner Öffnung; Glaskrug; Trichter; Lebensmittelfarbe; wasserfestes Tablett; Tuch

Das ist vorzubereiten:
Füllen Sie die Vase mit Wasser und schütten Sie dieses dann in den Glaskrug. Geben Sie ein paar Tropfen Lebensmittelfarbe hinzu.

So führen Sie die Übung ein:
Führen Sie den Trichter in den Hals der Vase ein. Nehmen Sie den Glaskrug und schütten Sie langsam das Wasser in den Trichter. Achten Sie darauf, dass kein Wasser verschüttet wird. Ist der Glaskrug leer, setzen Sie ihn ab. Nehmen Sie den Trichter aus der Vase und legen Sie ihn auf das Tablett. Schütten Sie das Wasser aus der Vase vorsichtig zurück in den Krug. Wischen Sie am Ende verschüttetes Wasser ab. Übergeben Sie schließlich dem Kind die Arbeit.

Fehlerkontrolle:
- Wasser tropft auf das Tablett.

Weitere Möglichkeiten:
- Das Kind arbeitet mit ungefärbtem Wasser.
- Es benutzt undurchsichtige Gefäße.

Transfer zum Alltag:
Das Kind kann Flüssigkeit mit einem Trichter sicher in ein Gefäß mit kleiner Öffnung schütten.

Wasser verteilen

Das benötigen Sie:

3 kleine Glasgefäße mit schmalem Hals; Glaskrug; Lebensmittelfarbe; kleiner Trichter; wasserfestes Tablett; Tuch

Das ist vorzubereiten:

Prüfen Sie, ob der Trichter in die Öffnungen der Glasgefäße passt. Färben Sie Wasser mit der Lebensmittelfarbe. Geben Sie so viel gefärbtes Wasser in den Glaskrug, wie alle kleinen Gefäße aufnehmen können.

So führen Sie die Übung ein:

Nehmen Sie den Trichter und stecken Sie ihn in eines der kleinen Gläser. Schütten Sie langsam und vorsichtig Wasser aus dem Glaskrug in den Trichter. Ist das Glas voll, nehmen Sie den Trichter heraus. Verfahren Sie mit den anderen Gefäßen ebenso. Am Ende darf kein Wasser mehr in dem Glaskrug sein. Leeren Sie alle Gefäße, indem Sie das Wasser zurück in den Krug gießen. Wird dabei Wasser verschüttet, wischen Sie es mit dem Tuch weg. Schieben Sie nun das Tablett zu dem Kind, damit es die Arbeit wiederholen kann.

Fehlerkontrolle:

- Wasser läuft auf das Tablett.
- Es sind nicht alle Gefäße mit gleich viel Wasser gefüllt.

Weitere Möglichkeiten:

- Das Kind benutzt ungefärbtes Wasser.
- Das Kind füllt Wasser mit dem Trichter in undurchsichtige Gefäße.

Transfer zum Alltag:

Das Kind kann mit einem Trichter umgehen und Flüssigkeiten in kleine Gefäße umfüllen.

Mit der Gießkanne arbeiten

Das benötigen Sie:
kleine Gießkanne mit großem Einfüllloch; Wasser; schmales, hohes Glasgefäß (z. B. Vase, Reagenzglas mit Ständer); Tuch; wasserfestes Tablett

Das ist vorzubereiten:
Füllen Sie die Gießkanne nur mit so viel Wasser, wie in das hohe Gefäß passt.

So führen Sie die Übung ein:
Nehmen Sie die Gießkanne und führen Sie den Ausguss über das Glasgefäß. Gießen Sie vorsichtig und langsam das Wasser von der Kanne in das Gefäß. Stellen Sie die Kanne ab und kontrollieren Sie, ob Wasser verschüttet wurde. Sollte dies der Fall sein, so wischen Sie es mit dem Tuch auf.

Nehmen Sie das Glasgefäß zur Hand und schütten Sie das Wasser von dort zurück in die Gießkanne. Kontrollieren Sie noch einmal, ob dabei Wasser verschüttet wurde.

Schieben Sie die Arbeit zu dem Kind, so dass es sie wiederholen kann.

Fehlerkontrolle:
- Wasser wird verschüttet.

Weitere Möglichkeiten:
- Stellen Sie Gefäße aus anderen Materialien und in anderen Größen bereit.
- Das Kind verteilt Wasser aus der Gießkanne auf mehrere Gefäße.
- Färben Sie das Wasser ein.

Transfer zum Alltag:
Das Kind kennt die Handhabung und den Gebrauch einer Gießkanne und kann die Zimmerpflanzen gießen.

6. »Alles fällt durch!« – Übungen mit Sieben

Siebe kennen die Kinder von verschiedenen Arbeiten im Haushalt und vom Spielen im Sandkasten. Die Arbeitsgeräte gibt es in verschiedenen Größen und aus verschiedenen Materialien.

Mit Sieben können Gegenstände voneinander getrennt werden (z. B. Sand und Kies, Mehl und Reiskörner). Es lassen sich damit aber auch unterschiedliche Materialien, die auf dem Wasser oder im Wasser schwimmen oder auch auf den Grund abgesunken sind, aufnehmen.

Während junge Kinder zunächst mit großen Sieben hantieren, können ältere Kinder sich bereits im Umgang mit kleinen Sieben üben.

Das beidhändige Arbeiten des Kindes wird geschult, die Auge-Hand-Koordination, die Feinmotorik sowie die Konzentration werden trainiert und eine gute Dosierung des Krafteinsatzes geübt.

Korken angeln

Das benötigen Sie:
große Glasschüssel; kleine Schüssel; Teebrühsieb; Korken; wasserfestes Tablett; Tuch

Das ist vorzubereiten.
Füllen Sie die Korken in die kleine Schüssel. In die große Schüssel kommt Wasser.

So führen Sie die Übung ein:
Geben Sie die Korken in die große Schüssel. Nehmen Sie das Sieb zur Hand und tauchen Sie es in das Wasser. Führen sie das Sieb unter die Korken. Heben Sie es aus dem Wasser und halten Sie es einen Moment über der Schüssel. So kann Wasser abtropfen. Achten Sie darauf, dass das Kind dies bemerkt. Geben Sie die Korken in die kleine Schüssel. Wiederholen Sie diesen Vorgang, bis alle Korken aus dem Wasser entfernt sind. Kontrollieren Sie, ob Wasser auf das Tablett getropft ist, und wischen Sie es gegebenenfalls auf.

Übergeben Sie dem Kind das Sieb, damit es tätig werden kann.

Fehlerkontrolle:
- Korken fallen auf das Tablett.
- Wasser sammelt sich auf dem Tisch, auf dem Tablett oder in dem kleinen Glasschälchen.

Weitere Möglichkeiten:
- Bieten Sie unterschiedliche Siebe an.
- Die Kinder fischen mit dem Sieb andere schwimmende Gegenstände aus dem Wasser (Glas- oder Styroporkugeln, Tischtennisbälle).
- Stellen Sie ein Schälchen mit verschiedenen schwimmenden Gegenständen zusammen, die die Kinder mit dem Sieb aus dem Wasser aufnehmen (z.B. Tischtennisbälle, Glaskugeln, Stücke von Plastikstrohhalmen, Korken ...).

Transfer zum Alltag:
Das Kind kennt die Handhabung eines Siebes. Es kann z.B. Klöße aus dem Kochtopf fischen.

Mit dem Teebrühlöffel arbeiten

Das benötigen Sie:
große Glasschüssel; kleine Glasschüssel; Wasser; großer Teebrühlöffel (Teebrühsieb); Tischtennisbälle; wasserfestes Tablett; Tuch

Das ist vorzubereiten:
Da es Teebrühlöffel in unterschiedlichen Variationen gibt, müssen Sie prüfen, ob ein Tischtennisball mit dem Teebrühlöffel aufgenommen werden kann!

Geben Sie die Tischtennisbälle vor der Einführung in die kleine Schüssel. Füllen Sie die große Schüssel mit Wasser.

So führen Sie die Übung ein:
Schütten Sie vorsichtig alle Tischtennisbälle aus der kleinen Schüssel in die große. Nehmen Sie den Teebrühlöffel in die Hand und zeigen Sie dem Kind sehr deutlich, wie er gehandhabt wird.

Fischen Sie damit einen Tischtennisball aus dem Wasser. Halten Sie den Teebrühlöffel mit dem Ball einen Moment über der Glasschüssel. Dabei soll das Kind auf die Wassertropfen aufmerksam gemacht werden, die aus dem Sieb in die Schüssel fallen. Erst wenn kein Wasser mehr heruntertropft, öffnen Sie den Teebrühlöffel, so dass der Tischtennisball in die kleine Glasschüssel rollt.

Angeln Sie nach und nach alle Tischtennisbälle aus dem Wasser. Kontrollieren Sie zum Schluss das Tablett und wischen Sie nasse Stellen mit dem Tuch trocken.

Nun kann das Kind die Arbeit durchführen.

Fehlerkontrolle:
- Das Kind kann die Tischtennisbälle mit dem Teebrühlöffel nicht aufnehmen.
- Es sammelt sich Wasser auf dem Tablett und/oder in der kleinen Glasschüssel.
- Tischtennisbälle fallen neben das Glasschälchen.

Weitere Möglichkeiten:
- Die Kinder fischen andere Materialien aus dem Wasser. Hier können Sie Gegenstände anbieten, die auf dem Wasser schwimmen (Styroporflocken, kleine luftgefüllte Glaskugeln, Plastikkugeln), oder solche, die auf dem Boden der Glasschüssel liegen (Glasmurmeln, Knöpfe).
- Bieten Sie unterschiedliche Teebrühlöffel an.

Transfer zum Alltag:
Das Kind kann mit einem Teebrühlöffel umgehen und beim Zubereiten eines Tees helfen.

Murmeln fischen

Das benötigen Sie:
kleines Sieb; große Schüssel mit Wasser; Glasmurmeln; kleine Schüssel; Tuch; wasserfestes Tablett

Das ist vorzubereiten:
Füllen Sie die große Glasschüssel mit Wasser.

So führen Sie die Übung ein:
Geben Sie die Murmeln in die Glasschüssel.

Fischen Sie nach und nach alle Murmeln mit dem Sieb aus dem Wasser. Halten Sie das Sieb immer noch einen Augenblick über der Schüssel, damit das Wasser abtropfen kann. Richten Sie die Aufmerksamkeit des Kindes auf diese Tätigkeit. Dann geben Sie die Murmeln in die kleine Schüssel, die neben der großen Wasserschale steht.

Sollte beim Arbeiten Wasser auf den Tisch oder das Tablett tropfen, so wischen Sie es mit dem Tuch weg.

Die Arbeit ist beendet, wenn sich keine Murmel mehr im Wasser befindet.

Das Kind wiederholt nun die Übung.

Fehlerkontrolle:
- Wasser sammelt sich auf dem Tablett, auf dem Tisch oder in der kleinen Schüssel.
- Die Murmeln fallen beim Leeren des Siebes neben das Schälchen.

Weitere Möglichkeiten:
- Bieten Sie unterschiedlich große Siebe an.
- Die Kinder können weitere Materialien, die auf dem Grund des Gefäßes liegen, mit dem Sieb aufnehmen (Knöpfe, Kies ...).
- Variieren Sie die Gefäße, aus denen die Materialien gefischt werden sollen.

Transfer zum Alltag:
Das Kind kennt die Handhabung eines Siebes und kann damit Gegenstände aufnehmen.

Auf Schatzsuche

Das benötigen Sie:
kleines Sieb; kleines Glasschälchen; 2 größere Glasschalen; Löffel; Sand; kleine Goldsteinchen (Deko-Material); Tablett

Das ist vorzubereiten:
Geben Sie den Sand und die Goldsteinchen in eine der größeren Glasschalen.

So führen Sie die Übung ein:
Nehmen Sie das Sieb und den Löffel zur Hand. Halten Sie das Sieb über die leere große Glasschale. Nehmen Sie mit dem Löffel Sand auf und geben Sie ihn in das Sieb. Schütteln Sie das Sieb, bis der Sand durchgelaufen ist. Befinden sich ein oder mehrere Goldsteinchen im Sieb, werden diese in das kleine Glasschälchen geschüttet. Der Vorgang wird wiederholt, bis der ganze Sand gesiebt und die Goldsteinchen daraus entfernt sind.

Damit das Kind arbeiten kann, werden Goldsteinchen und Sand in der großen Glasschüssel wieder miteinander vermischt.

Fehlerkontrolle:
- Es befinden sich noch Goldsteinchen im Sand.
- Sand fällt auf das Tablett.

Weitere Möglichkeiten:
- Das Kind siebt andere Materialien aus dem Sand (z. B. Erbsen, kleine Edelsteinsplitter, kleine Kügelchen aus Gold- oder Silberpapier).
- Das Kind benutzt unterschiedliche Siebe.

Transfer zum Alltag:
Das Kind kann mit einem Sieb umgehen und gezielt damit arbeiten.

7. »Ich habe alles im Griff!« – Spielideen mit Zangen und Pinzetten

Geben Sie einem Kind eine Zange oder eine Pinzette in die Hand, wird es sofort von ihr fasziniert sein und den Vorgang des Öffnens und Schließens immer wieder üben.
Das Öffnen und Schließen von Zangen und Pinzetten trainiert die Handmuskulatur der Kinder und erfordert eine sehr gezielte Muskeldosierung. Wird z. B. eine Zange zu kräftig geschlossen, zerbricht eventuell der Gegenstand, der damit transportiert werden soll. Wird zu wenig Druck ausgeübt, kann das Material möglicherweise nicht aufgenommen und gehalten werden.
Da es sehr viele unterschiedliche Zangen und Pinzetten gibt, ist es sinnvoll, diese von Zeit zu Zeit auszutauschen. So bleibt ein und dieselbe Übung immer wieder interessant.
Die im Folgenden vorgestellten Arbeiten mit Zangen und Pinzetten fördern das Überkreuzen der Körpermitte. Die Auge-Hand-Koordination, die Handgeschicklichkeit, die Konzentration und die Ausdauer werden trainiert. Die Muskulatur der Hand wird gekräftigt.

Kugeln umfüllen

Das benötigen Sie:
2 Schälchen; kleine Zange; kleine Kugeln aus unterschiedlichen Materialien (Holz, Plastik, Glas, Watte, Moosgummi, Styropor ...); kleines Tablett

So führen Sie die Übung ein:
Nehmen Sie eine Kugel mit der Zange aus dem Schälchen und legen Sie sie in dem leeren Schälchen ab. Verfahren Sie mit allen Kugeln so.

Schieben Sie die Arbeit zu dem Kind, so dass es tätig werden kann.

Fehlerkontrolle:
- Kugeln fallen neben das Schälchen.
- Kugeln gehen kaputt, da zu viel Druck mit der Zange ausgeübt wird.

Weitere Möglichkeiten:
- Bieten Sie unterschiedliche Zangen an.
- Ersetzen Sie die Materialien durch andere Gegenstände (z. B. unterschiedliche Steine).

Transfer zum Alltag:
Das Kind kann mit einer Zange gezielt nach Gegenständen greifen und diese transportieren.

Das Schneckenpfännchen

Das benötigen Sie:
Schneckenpfännchen; leere Schneckenhäuser in der Anzahl der Vertiefungen des Schneckenpfännchens; Schneckenzange; Schüssel; Tablett

Das ist vorzubereiten:
Testen Sie, ob die Schneckenzange von den Kindern gehandhabt werden kann. Manches Schneckenbesteck ist für Kinderhände nicht geeignet. Legen Sie alle Schneckenhäuser in die Schüssel.

So führen Sie die Übung ein:
Nehmen Sie die Schneckenzange in die Hand und zeigen Sie dem Kind, wie sie gehandhabt wird. Greifen Sie mit der Zange ein Schneckenhaus. Führen Sie die Zange über eine Mulde der Schneckenpfanne. Öffnen Sie die Zange und lassen Sie die Schnecke langsam und vorsichtig in die Mulde gleiten. Wiederholen Sie dies mit weiteren 3–4 Schneckenhäusern. Dann geben Sie die Schnecken zurück in das Schälchen. Das Kind kann nun arbeiten.

Fehlerkontrolle:
- Das Kind kann die Zange nicht öffnen.
- Ein oder mehrere Schneckenhäuser fallen nicht in die vorgesehene Mulde.

Transfer zum Alltag:
Das Kind kann mit einer Schneckenzange umgehen.

Linsen auslesen

Das benötigen Sie:
Pinzette; 2 kleine Schälchen; Linsen; Sand; Tablett

Das ist vorzubereiten:
Geben Sie etwas Sand und einige Linsen in eines der Schälchen.

So führen Sie die Übung ein:
Nehmen Sie die Pinzette in die Hand und zeigen Sie deutlich, wie sie gehandhabt wird. Beginnen Sie damit, eine Linse nach der anderen aufzunehmen und in das leere Schälchen abzulegen. Achten Sie darauf, dass kein Sand zusammen mit den Linsen gegriffen wird.

Die Übung ist beendet, wenn alle Linsen aussortiert sind.

Nachdem Sie wieder alle Linsen in den Sand geschüttet haben, kann das Kind die Arbeit wiederholen.

Fehlerkontrolle:
- Linsen fallen neben das Schälchen.
- Linsen gehen kaputt, weil mit der Pinzette zu viel Druck ausgeübt wird.
- Es befindet sich Sand in dem Fach, in dem die Linsen abgelegt wurden.

Weitere Möglichkeiten:
- Anstelle der Linsen nimmt das Kind mit der Pinzette andere Gegenstände aus dem Sand auf (z.B. Reiskörner, Mais).
- Das Kind benutzt verschiedene Pinzetten und Pinzetten in unterschiedlichen Größen.

Transfer zum Alltag:
Das Kind kann Gegenstände mit einer Pinzette aufnehmen, halten und ablegen.

Sonnenblumenkerne greifen

Das benötigen Sie:
Pinzette; Kopf einer großen Sonnenblume; Tablett; kleines Schälchen

So führen Sie die Übung ein:
Nehmen Sie die Pinzette in die Hand. Zeigen Sie dem Kind, wie Sie sie öffnen und schließen.

Greifen Sie mit der Pinzette einen Sonnenblumenkern aus dem Blütenkopf. Achten Sie dabei darauf, wirklich nur den Kern zu greifen. Legen Sie ihn in dem Schälchen ab. Wiederholen Sie dies zwei- bis dreimal.

Übergeben Sie die Pinzette dann dem Kind, so dass es aktiv werden kann.

Fehlerkontrolle:
- Das Kind kann keinen Kern aus dem Blütenkopf ziehen.
- Neben dem Kern zieht das Kind Teile der Blüte mit heraus.

Weitere Möglichkeiten:
- Bieten Sie unterschiedliche Pinzetten an.

Transfer zum Alltag:
Das Kind kann gezielt einen kleinen Gegenstand mit der Pinzette greifen, festhalten und transportieren.

Erbsen umfüllen

Das benötigen Sie:
Pinzette; dicke Erbsen; Glas mit kleiner Öffnung; kleines Schälchen; Tablett

Das ist vorzubereiten:
Prüfen Sie, ob die Erbsen durch die Öffnung des Glases passen.

So führen Sie die Übung ein:
Zeigen Sie dem Kind, wie die Pinzette benutzt wird. Greifen Sie damit eine Erbse und führen Sie sie über den Hals des Glases. Lassen Sie die Erbse in das Glas fallen. Wiederholen Sie dies drei- bis viermal. Dann geben Sie die Pinzette dem Kind, damit es fortfahren kann. Am Ende der Übung werden die Erbsen wieder in das kleine Schälchen geschüttet.

Fehlerkontrolle:
- Erbsen können nicht gegriffen werden.
- Erbsen fallen neben das Glas.

Weitere Möglichkeiten:
- Das Kind benutzt andere Pinzetten.
- Stellen Sie andere Materialien zum Umfüllen bereit (kleine Strohhalmstücke, dicke Bohnen ...).

Transfer zum Alltag:
Das Kind kann mit einer Pinzette Gegenstände aufnehmen und transportieren.

Konfetti-Bilder gestalten

Das benötigen Sie:
buntes Konfetti; kleines Glasschälchen; Vorlagen aus Papier; Tablett

Das ist vorzubereiten:
Gestalten Sie Vorlagen, indem Sie auf Papier Muster, Bilder, Zahlen, Buchstaben, Formen u.Ä. aus kleinen Kreisen malen. Die Motive sollten unterschiedliche Schwierigkeitsgrade aufweisen, so dass das Material junge Kinder nicht über- und ältere Kinder nicht unterfordert. Damit sie länger haltbar bleiben, können Sie die Vorlagen auch laminieren.

So führen Sie die Übung ein:
Wählen Sie eine dem Entwicklungsstand des Kindes entsprechende Vorlage aus. Legen Sie sie vor sich. Mit der Pinzette greifen Sie nun nach und nach einzelne Konfettikreise und legen sie in den Kreisen der Vorlage ab. Sind alle Kreise belegt, nehmen Sie das Blatt vorsichtig hoch und lassen das Konfetti zurück in das Schälchen gleiten.

Legen Sie die Vorlage vor das Kind, so dass es tätig werden kann.

Fehlerkontrolle:
- Die Kreise der Vorlage sind am Ende noch nicht belegt.
- Einzelne Konfettikreise fallen auf die Vorlage, auf das Tablett oder auf den Boden.

Weitere Möglichkeiten:
- Bieten Sie von Zeit zu Zeit unterschiedliche Pinzetten an.
- Gestalten Sie die Vorlagen farbig, so dass die Kinder beim Aufnehmen und Ablegen des Konfettis gezielt nach den Farben greifen müssen.
- Die Kinder gestalten eigene Vorlagen.

Transfer zum Alltag:
Das Kind kann sicher und geschickt mit der Pinzette arbeiten. Es kann kleine Gegenstände genau platzieren.

Mit Essstäbchen arbeiten

Das benötigen Sie:
Essstäbchen; dicke Bohnen; 2 Schälchen; Tablett

Das ist vorzubereiten:
Füllen Sie die dicken Bohnen in eines der Schälchen.

So führen Sie die Übung ein:
Nehmen Sie die Essstäbchen und zeigen Sie dem Kind, wie sie gehandhabt werden. Greifen Sie eine Bohne und führen Sie sie über das leere Schälchen. Legen Sie sie darin ab. Wiederholen Sie dies noch weitere vier- bis fünfmal. Dann kann das Kind tätig werden.

Fehlerkontrolle:
- Bohnen können nicht aufgenommen werden.
- Bohnen fallen auf das Tablett.

Weitere Möglichkeiten:
- Das Kind benutzt andere Essstäbchen.
- Stellen Sie andere Materialien zum Transportieren bereit (kleine Korken, kleine Perlen in unterschiedlichen Formen ...).

Transfer zum Alltag:
Das Kind kann mit Essstäbchen umgehen und diese in einem Restaurant oder zu Hause zum Essen benutzen.

8. »Wasser marsch!« – Arbeiten mit Pipette und Spritze

Pipetten faszinieren Kinder immer wieder. Ihre Handhabung ist jedoch ungewohnt und gerade für junge Kinder nicht ganz einfach. Hier bietet es sich an, zunächst mit kleinen Pipetten zu arbeiten, die mit geringem Krafteinsatz gehandhabt werden können. Zudem lässt sich ihr Gummikopf mit kleinen Kinderfingern leichter drücken.
Da das Gummi der Pipetten schnell porös wird, ist es sinnvoll, einen Vorrat anzulegen. Sie können die Pipetten bei Freunden, Bekannten und Verwandten sammeln. Fragen Sie nach, wer z. B. Augen- oder Nasentropfenfläschchen benutzt. Diese sind meist mit Pipetten bestückt, die sie nach einer gründlichen Reinigung in ihren Vorrat nehmen können. Plastikspritzen in unterschiedlichen Größen können in Apotheken gekauft werden. Die Kinder lieben die Arbeit mit diesem »Werkzeug«!
Das Arbeiten mit einer Pipette oder einer Spritze fördert die Auge-Hand-Koordination, kräftigt die Fingermuskulatur und ist ein gutes Mittel zur Schulung der Feinmotorik. Soll nur ein klein wenig Flüssigkeit oder sogar nur ein einziger Tropfen aus der Pipette bzw. der Spritze kommen, muss das Kind seinen Krafteinsatz genau dosieren. Hier ist Konzentration und Fingerspitzengefühl gefragt.

Wasser umfüllen

Das benötigen Sie:
kleine Pipette; 2 identische Gefäße mit Wasser; wasserfeste Schale mit Rand; Lebensmittelfarbe; Tuch

Das ist vorzubereiten:
Füllen Sie eines der Gläser mit Wasser. Geben Sie Lebensmittelfarbe hinzu.

So führen Sie die Arbeit ein:
Zeigen Sie dem Kind, wie die Pipette benutzt wird. Tauchen Sie die Spitze in das Gefäß. Saugen Sie das Wasser mit der Pipette an und geben Sie es in das leere Gläschen. Nach und nach füllen Sie auf diese Weise das Wasser von einem Glas in das andere.

Ist das erste Gläschen leer, ist die Arbeit beendet. Wischen Sie verschüttetes Wasser mit dem Tuch weg.

Laden Sie das Kind ein, die Übung zu wiederholen.

Fehlerkontrolle:
- Wasser läuft auf das Tablett.

Weitere Möglichkeiten:
- Das Kind benutzt ungefärbtes Wasser.
- Bieten Sie unterschiedliche Gefäße an, aus denen das Wasser mit der Pipette angesaugt wird.

Transfer zum Alltag:
Das Kind kennt die Handhabung einer Pipette und kann gezielt damit arbeiten.

Mit der kleinen Pipette Wasser verteilen

Das benötigen Sie:
3–4 kleine Mostkappen (Gärkappen); kleine Pipette; kleines, mit Wasser gefülltes Gläschen; Tuch; wasserfestes Tablett

Das ist vorzubereiten:
Füllen Sie die Mostkappen vor der Einführung mit Wasser. Dieses kippen Sie dann in das Wasserglas. So ist gewährleistet, dass am Ende der Übung kein Wasser übrig bleibt.

So führen Sie die Übung ein:
Zeigen Sie dem Kind zunächst, wie die Pipette gehandhabt wird.

Tauchen Sie sie in das Wasserglas und saugen Sie das Wasser an. Dann nehmen Sie die Pipette aus dem Glas. Lassen Sie das Wasser aus der Pipette in eine der Mostkappen laufen. Wiederholen Sie diesen Vorgang, bis alle Mostkappen gleichmäßig mit Wasser gefüllt sind.

Schütten Sie nun das Wasser aus den Kappen zurück in das Wasserglas. Sollte dabei Wasser auf das Tablett gelangen, so wischen Sie es am Ende demonstrativ mit dem Tuch ab.

Bringen Sie alle Materialien wieder in die Ausgangsposition.

Das Kind kann jetzt die Arbeit wiederholen.

Fehlerkontrolle:
- Es ist noch Wasser im Glas.
- Wasser wird verschüttet.

Weitere Möglichkeiten:
- Bieten Sie den Kindern gefärbtes Wasser an.
- Fordern Sie das Kind auf, das Wasser gleichmäßig auf alle Mostkappen zu verteilen.

Transfer zum Alltag:
Das Kind kennt die Handhabung einer kleinen Pipette.

Mit der großen Pipette arbeiten

Das benötigen Sie:
große Pipette, ca. 16 cm lang; 2 hohe Gläser mit Deckel; Lebensmittelfarbe, Wasser; Tuch; Tablett

Das ist vorzubereiten:
Füllen Sie ein Glas mit Wasser. Färben Sie das Wasser mit der Lebensmittelfarbe ein.

So führen Sie die Übung ein:
Entfernen Sie die Deckel der beiden Gläser.

Zeigen Sie dem Kind, wie die Pipette benutzt wird. Führen Sie dann die Pipette in das Glas mit Wasser. Saugen Sie Wasser an. Führen Sie die Pipette mit der Spitze in das zweite Glas ein. Drücken Sie auf den Pipettenkopf, so dass das Wasser aus der Pipette läuft. Wiederholen Sie dies mehrmals. Dann kann das Kind tätig werden.

Fehlerkontrolle:
- Wasser landet auf dem Tablett.

Weitere Möglichkeiten:
- Das Kind benutzt ungefärbtes Wasser.
- Das Kind arbeitet mit undurchsichtigen Gefäßen.

Transfer zum Alltag:
Das Kind kann mit einer Pipette umgehen und dies z. B. beim Malen nutzen.

Die Wasser-Spritze

Das benötigen Sie:
kleine Spritze; flaches Glas mit Deckel; hohes Glas; Wasser; Lebensmittelfarbe; kleines Tuch

Das ist vorzubereiten:
Kontrollieren Sie, ob das Wasser aus dem flachen Glas in das hohe Glasgefäß passt. Füllen Sie das flache Glas mit Wasser, färben Sie es mit einigen Tropfen Lebensmittelfarbe und verschließen Sie es.

So führen Sie die Übung ein:
Entfernen Sie den Deckel von dem Wasserglas und legen Sie ihn zur Seite. Nehmen Sie die Spritze und zeigen Sie dem Kind, wie sie gehandhabt wird.

Führen Sie dann die Spritze mit der Spitze in das flache Wasserglas. Saugen Sie Wasser an, bis die Spritze gefüllt ist. Halten Sie sie dann über das hohe Glas und spritzen Sie das Wasser langsam dort hinein. Wiederholen Sie dies, bis das flache Glas leer ist. Schütten Sie das Wasser zurück in das flache Glas. Das Kind kann nun die Arbeit ausführen.

Fehlerkontrolle:
- Wasser kann nicht angesaugt werden.
- Wasser landet auf dem Tablett.

Weitere Möglichkeiten:
- Das Kind arbeitet mit ungefärbtem Wasser.
- Es benutzt andere (größere, kleinere) Spritzen.
- Es benutzt undurchsichtige Gefäße.

Transfer zum Alltag:
Das Kind kann mit einer Spritze umgehen und dies z.B. beim Kochen oder Backen nutzen.

9. »Das hat sich gewaschen!« – Übungen rund um die Wäschepflege

Schon 4- bis 5-Jährige begeistern sich für Arbeiten rund um das Thema Wäsche. Hierzu zählen alle Tätigkeiten, die mit der Pflege der Wäsche zu tun haben: Wäsche waschen, aufhängen, falten und auch ausbessern. Wird ihnen gezeigt, wie diese Arbeiten gelingen, können die Kinder schon sehr früh dabei helfen und selbstständig bestimmte Aufgaben übernehmen.

Auch der Umgang mit Nadel und Faden gelingt ihnen – mit entsprechender Hilfe und Anleitung – übrigens meist schon recht gut. Die Kinder sind dann ganz stolz, wenn sie ihre gewebte Tasche zusammennähen und den Knopf selbst anbringen können oder wenn sie Stickkarten herstellen oder bei kleineren Ausbesserungen der Wäsche helfen dürfen.

Gute Vorübungen zum Nähen sind alle Variationen von Fädelarbeiten (Perlen auffädeln, Schnürsenkel durch vorgestanzte Löcher führen).

Je jünger das Kind ist, umso größer muss das Handwerkszeug sein. Die Kinder üben zunächst mit Wollfäden, Schnüren, dicken Stopfnadeln, großen Knöpfen, Pappe oder grobem Stoff, bevor dünne Nähnadeln, kleine Knöpfe, Nähgarn und feiner Stoff zum Einsatz kommen.

Die vorbereitenden Übungen führen das Kind in die sachgerechte Handhabung der Werkzeuge und Materialien ein und zeigen den verletzungsfreien Umgang mit diesen Dingen.

Arbeiten rund um das Thema Wäschepflege fördern die Augen-Hand-Koordination. Sie schulen die Geschicklichkeit der Finger und trainieren die Konzentration. Sie bieten Kindern die Möglichkeit zu beidhändigem Arbeiten und verbessern somit die Hand-Hand-Koordination.

Wäsche aufhängen

Das benötigen Sie:
Wäscheklammern; kleine quadratische Tücher; großer Korb; kleiner Korb; Kinder-Wäscheständer

Das ist vorzubereiten:
Kontrollieren Sie, ob die Tücher problemlos auf die Wäscheleine des Wäscheständers passen. Pro Leine sollte nur ein Tuch da sein. Die Wäschestücke kommen nun in den großen Korb. Legen Sie Wäscheklammern passend zur Anzahl der Tücher (pro Tuch 2 Klammern) in dem kleinen Korb bereit.

So führen Sie die Übung ein:
Nehmen Sie ein Tuch aus dem Korb. Legen Sie es über die hinterste Leine des Wäscheständers. Da das Tuch quadratisch ist, muss nicht darauf geachtet werden, welche Seiten die kurzen und welche die langen sind.

Nehmen Sie eine Wäscheklammer und klammern Sie das Tuch an einer Ecke an der Leine fest. Tun Sie dies langsam und gut sichtbar. Nehmen Sie eine zweite Klammer und klammern Sie damit die andere Ecke fest. Wiederholen Sie dies mit den restlichen Tüchern.

Dann werden alle Tücher wieder abgehängt und das Kind eingeladen, die Arbeit auszuführen.

Fehlerkontrolle:
- Das Kind befestigt die Klammern nicht richtig, so dass ein oder mehrere Tücher herunterfallen.

Weitere Möglichkeiten:
- Legen Sie Tücher in unterschiedlichen Formaten zum Anklammern bereit.
- Die Kinder klammern unterschiedliche Wäschestücke fest.
- Tauschen Sie von Zeit zu Zeit die Wäscheklammern aus.

Transfer zum Alltag.
Das Kind kann mit Wäscheklammern umgehen und beim Aufhängen der Wäsche helfen.

Socken zusammenstecken

Das benötigen Sie:
5–6 Paar kleine Kindersocken; Korb

Das ist vorzubereiten:
Achten Sie bei der Auswahl der Socken darauf, dass die Bündchen elastisch sind. So können die Kinder die Paare leichter ineinanderstecken.

Die Socken sollten sich zudem gut voneinander unterscheiden lassen. Dies erleichtert das Zuordnen.

So führen Sie die Arbeit ein:
Sortieren Sie zunächst die einzelnen Socken paarweise.

Wählen Sie eines der Sockenpaare aus. Legen Sie die beiden Socken aufeinander vor sich ab. Etwa in Höhe der Fersen falten Sie nun die Socken. Fassen Sie mit den Daumen in die Öffnung der oberen Socke und ziehen Sie sie etwas auseinander. Mit den restlichen Fingern stopfen Sie die Spitzen der Strümpfe in dieses Loch. Zum Schluss drücken Sie den Sockenball flach und ziehen ihn eventuell noch in Form. Verfahren Sie ebenso mit den restlichen Socken. Sind alle Paare gefaltet, ist die Übung beendet.

Die Strümpfe werden wieder auseinandergezogen, damit das Kind mit der Arbeit beginnen kann.

Fehlerkontrolle:
- Es bleiben Socken übrig, die nicht zusammenpassen.
- Die ineinandergesteckten Socken sehen unordentlich aus.

Weitere Möglichkeiten:
- Stellen Sie den Kindern unterschiedliche Strümpfe zur Verfügung (Erwachsenenstrümpfe, Kniestrümpfe, Sneakers ...).
- Bieten Sie Strümpfe aus unterschiedlichen Materialien an (dicke Baumwollstrümpfe, Seidenstrümpfe, Wollsocken ...).

Transfer zum Alltag:
Das Kind kann beim Sortieren und Falten der Strümpfe helfen. Es kann seine Strümpfe z. B. zu Hause oder im Sport- oder Schwimmunterricht selbstständig zusammenstecken.

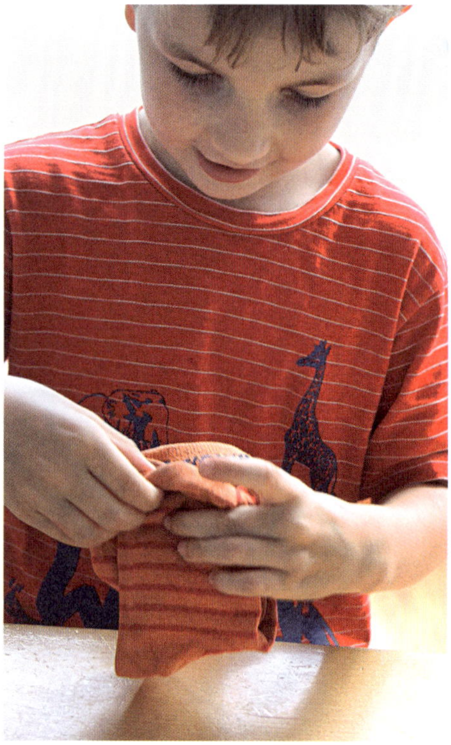

Wäsche falten

Das benötigen Sie:
4–5 große Puppenkleidungstücke (Hose, Pulli, T-Shirt, Short usw.); kleiner Koffer

Das ist vorzubereiten:
Prüfen Sie, ob die Puppenkleidung in gefaltetem Zustand in den Koffer passt.

So führen Sie die Übung ein:
Nehmen Sie die Kleidungsstücke aus dem Koffer und legen Sie sie zur Seite. Wählen Sie ein Teil aus und streichen Sie es glatt. Dann falten Sie es entsprechend zusammen. Legen Sie es in den Koffer.

Nach und nach falten Sie alle Kleidungsstücke. Liegen sie im Koffer, ist die Arbeit beendet.

Das Kind kann sich jetzt im Falten üben.

Fehlerkontrolle:
- Der Inhalt des Koffers wirkt unordentlich.
- Der Koffer lässt sich nicht schließen, da die Kleidungsstücke unordentlich gefaltet sind.

Weitere Möglichkeiten:
- Stellen Sie verschiedene Taschen, Körbe, Kartons zum Einräumen der gefalteten Kleidungsstücke bereit.
- Wechseln Sie von Zeit zu Zeit die Kleidungsstücke aus.
- Tauschen Sie die Puppenkleidung gegen Kinderkleidung aus.

Transfer zum Alltag:
Das Kind kann Kleidung falten. Es kann somit auch bei der häuslichen Wäschepflege helfen und seinen Kleiderschrank in Ordnung halten.

Eine Decke falten

Das benötigen Sie:

Decke; großer, flacher Korb

Das ist vorzubereiten:

Falten Sie die Decke und legen Sie sie in den Korb.

So führen Sie die Übung ein:

Nehmen Sie die Decke aus dem Korb. Falten Sie sie auseinander und legen Sie sie auf den Boden. Führen Sie die beiden gegenüberliegenden Ecken aufeinander. Die Decke wird so lange auf diese Art gefaltet, bis sie in den Korb passt. Falten Sie sie wieder auseinander. Das Kind übernimmt die Arbeit.

Fehlerkontrolle:

- Die Decke sieht unordentlich aus.
- Sie passt nicht in den Korb.

Weitere Möglichkeiten:

- Das Kind faltet ein großes Tuch.
- Das Kind faltet eine Tischdecke.

Transfer zum Alltag:

Das Kind kann eine Decke, das Tischtuch, die Bettwäsche falten.

Stecknadeln aufstecken

Das benötigen Sie:
Stecknadeldöschen mit integriertem Nadelkissen; Stecknadeln mit Glaskopf; kleines Tablett

Das ist vorzubereiten:
Geben Sie ca. 15–20 Stecknadeln in das Döschen.

So führen Sie die Übung ein:
Öffnen Sie das Stecknadeldöschen und legen Sie Deckel und Döschen nebeneinander.

Nehmen Sie eine Stecknadel aus dem Döschen und stecken Sie sie etwa zu einem Drittel in die Mitte des Nadelkissens. Verfahren Sie mit den restlichen Nadeln ebenso. Arbeiten Sie von der Mitte nach außen. Befinden sich alle Nadeln auf dem Nadelkissen, so entfernen Sie sie wieder einzeln und legen sie zurück in das Döschen. Schließen Sie die Dose und schieben Sie das Material zum Kind. Es kann nun mit der Übung beginnen.

Fehlerkontrolle:
- Die Nadeln finden keinen Halt, da beim Einstecken zu wenig Druck ausgeübt wird.
- Die Nadeln verschwinden im Nadelkissen, da beim Einstecken zu viel Druck ausgeübt wird.

Weitere Möglichkeiten:
- Das Kind gestaltet Muster auf dem Nadelkissen.
- Bieten Sie Nadeln mit Stahlköpfen oder Nähnadeln zum Einstecken an.

Transfer zum Alltag:
Das Kind kann bei Näharbeiten behilflich sein.

Sicherheitsnadeln befestigen

Das benötigen Sie:
5–6 große Sicherheitsnadeln; 5–6 Stoffstücke; 3 kleine Körbchen o. Ä.; Tablett

Das ist vorzubereiten:
Sorgen Sie dafür, dass die Stoffstücke nicht ausfransen, indem Sie sie z. B. mit einer Zickzackschere zurechtschneiden oder umnähen.

So führen Sie die Übung ein:
Wählen Sie ein Stoffstück und eine Sicherheitsnadel aus. Legen Sie das Stoffstück vor sich ab. Zeigen Sie dem Kind mehrmals, wie die Sicherheitsnadel geöffnet und geschlossen wird. Öffnen Sie die Nadel. Nehmen Sie das Stoffstück in die Hand und führen Sie die Spitze durch den Stoff auf der einen Seite ein und auf der anderen wieder heraus. Verschließen Sie die Nadel. Verfahren Sie mit den restlichen Materialien ebenso. Zeigen Sie dem Kind, wie die Nadeln wieder geöffnet, aus dem Stoff gezogen und verschlossen werden.

Anschließend arbeitet das Kind alleine weiter.

Fehlerkontrolle:
- Dem Kind gelingen einzelne Handlungen nicht.

Weitere Möglichkeiten:
- Bieten Sie kleine und große Sicherheitsnadeln an.
- Stellen Sie Stoffe in unterschiedlichen Qualitäten zur Verfügung (Seidenstoff, Cord, Samt, Leder ...).
- Das Kind verbindet zwei Stoffstücke mit einer Sicherheitsnadel.

Transfer zum Alltag:
Das Kind kennt die Handhabung einer Sicherheitsnadel und kann sein Können im Alltag anwenden.

Durchzug-Arbeit

Das benötigen Sie:
selbst hergestellte Stofftunnel; Bleischnur in der Anzahl der Stofftunnels (so kann das Kind fühlen, wie sich der Stoff über das Band schiebt); eine große Sicherheitsnadel; kleines Schälchen; Tablett

Das ist vorzubereiten:
Nähen Sie aus dünnen Stoffen 2–3 jeweils ca. 1,5 cm breite Tunnel. Kürzen Sie die Bleischnur auf die nötige Länge. Geben Sie sie mit der Sicherheitsnadel in das kleine Schälchen.

So führen Sie die Übung ein:
Wählen Sie einen der Stofftunnel aus. Spießen Sie ein Ende des Bleibandes auf die Sicherheitsnadel. Schließen Sie die Nadel und führen Sie sie in den Stofftunnel ein. Halten Sie die Nadel am Ende mit einer Hand fest. Mit der anderen Hand schieben Sie nun so viel Stoff wie möglich auf die Sicherheitsnadel. Halten Sie den aufgeschobenen Stoff und die darunterliegende Nadel fest. Ziehen Sie den Stoff über die Nadel. Verfahren Sie so, bis die Nadel am Ende des Stofftunnels wieder erscheint. Ziehen Sie sie mit dem Band aus dem Stoff. Entfernen Sie die Sicherheitsnadel von der Bleischnur und legen Sie sie in das Schälchen. Schieben Sie den Stoff so zurecht, dass zu beiden Seiten gleich lange Bandenden zu sehen sind.

Betrachten Sie kurz die Arbeit. Dann legen Sie den Stofftunnel zur Seite.

Das Kind kann nun selbst tätig werden.

Fehlerkontrolle:
- Die Bleischnur löst sich während der Arbeit von der Sicherheitsnadel, da diese nicht richtig geschlossen ist.
- Die Sicherheitsnadel kann nicht weitergeschoben werden.
- Das Band wird am Ende durch zu festen Zug aus dem Tunnel wieder herausgezogen.

Weitere Möglichkeiten:
- Bieten Sie unterschiedlich große Sicherheitsnadeln an.
- Nähen Sie Tunnels aus unterschiedlich festen Stoffen.
- Legen Sie unterschiedliche Bänder bereit, die das Kind durch den Tunnel ziehen kann.

Transfer zum Alltag:
Das Kind kann z. B. Bänder durch einen Stoffbeutel, durch eine Hose u. Ä. ziehen und bei der Wäschepflege helfen. Mit der Hilfe eines Erwachsenen kann es sich auch eigene Haargummis gestalten.

Eine Nadel einfädeln

Das benötigen Sie:
stumpfe Sticknadel mit großem Kopf; dünne Wolle; dünner Pappstreifen; 3 kleine Schälchen; Tablett

Das ist vorzubereiten:
Schneiden Sie von der Wolle einen ca. 30 cm langen Faden ab. Schneiden Sie von der Pappe einen kleinen Streifen ab. Er darf nur so breit und so dick sein, dass er problemlos durch das Nadelöhr geschoben werden kann. Die Nadel, der Pappstreifen und die Wolle kommen in jeweils ein Schälchen.

So führen Sie die Übung ein:
Halten Sie die Nadel gegen das Licht und machen Sie das Kind auf das Einfädelloch aufmerksam. Nehmen Sie den kleinen Papierstreifen und falten Sie ihn in der Mitte zusammen. Öffnen Sie ihn wieder und legen Sie einen Wollfaden so dazwischen, dass ein langes Stück Wolle nach unten heraushängt. Falten Sie das Papier wieder zusammen. Schieben Sie es, mit der geschlossenen Seite zuerst, komplett durch das Nadelöhr. Ist es durchgezogen, halten Sie den Faden fest, damit er nicht aus dem Nadelöhr herausgezogen wird.

Die Wolle ist nun eingefädelt. Machen Sie das Kind darauf aufmerksam. Ziehen Sie die Wolle wieder aus der Nadel und laden Sie das Kind ein, die Übung durchzuführen.

Fehlerkontrolle:
- Der Faden kann nicht eingefädelt werden.

Weitere Möglichkeiten:
- Bieten Sie kleinere Nadeln und dünnere Fäden an.
- Das Kind arbeitet mit einem Nadeleinfädler und Nähgarn.

Transfer zum Alltag:
Das Kind kann einen Faden in eine Nadel einfädeln und somit bei Näharbeiten helfen oder diese selbst ausführen.

Knopf annähen

Dies ist eine sehr komplexe Übung.
Bei richtiger Einführung gelingt sie aber bereits 5- bis 6-Jährigen.

Das benötigen Sie:
3–4 große Knöpfe mit 2 Löchern; Nähnadel; Nähgarn; Nadeleinfädelhilfe; 3–4 kleine Stoffstücke; Schere; kleines Schälchen

So führen sie die Übung ein:
Wählen Sie ein Stoffstück und einen Knopf aus und legen Sie beides vor sich.

Fädeln Sie den Faden in die Nadel ein. (Die einzelnen Schritte hierzu sind bereits bei der vorhergehenden Übung beschrieben.) Sobald sich der Faden in der Nadel befindet, halten Sie diese demonstrativ dort fest, wo der Faden aus der Nadel tritt. Machen Sie das Kind darauf aufmerksam.

Stechen Sie mit der Nadel mehrmals in die Mitte des Stoffs. Führen Sie die Nadel zuletzt von unten nach oben, so dass die Spitze aus der Stoffoberseite ragt. Ziehen Sie die Nadel heraus und stecken Sie sie durch eines der Knopflöcher. Halten Sie dabei den Stoff und den Knopf mit einer Hand fest. Stechen Sie die Nadel durch das zweite Loch in den darunterliegenden Stoff. Führen Sie nun sechs- bis achtmal immer wieder die Nadel von unten in das eine Loch und von oben in das andere.

Zuletzt führen Sie die Nadel von unten durch den Stoff. Ziehen Sie sie zwischen Stoff und Knopf heraus und wickeln Sie den Faden mehrmals um die Fäden zwischen Stoff und Knopf. Anschließend stecken Sie die Nadel noch einmal durch den Stoff. Schneiden Sie den Faden dicht am Stoff ab. Entfernen Sie den Faden aus der Nadel und geben Sie ihn in das Schälchen. Stecken Sie die Nadel auf den Stoffstreifen.

Die Einführung ist beendet. Das Kind kann sich nun einen Knopf und ein Stoffstück aussuchen und tätig werden.

Fehlerkontrolle:
- Der Knopf löst sich wieder.
- Der Arbeit sieht unordentlich aus.

Weitere Möglichkeiten:
- Das Kind näht Knöpfe mit einer Öse oder 4 Löchern an.
- Legen Sie unterschiedlich große Knöpfe oder Knöpfe mit Motiven und besonderen Formen bereit.
- Bieten Sie unterschiedliche Stoffe zum Annähen der Knöpfe an.

Transfer zum Alltag:
Das Kind kann einen Knopf an seine Webtasche oder an ein Kleidungsstück annähen.

10. »Das bisschen Haushalt ...« – Kinder helfen bei der Hausarbeit

Erwachsenen ist die Hausarbeit meist lästig. Sie ist zur Routine geworden und macht ihnen in der Regel keine große Freude.

Kinder lieben es dagegen, all jene Arbeiten zu verrichten, die im Haushalt tagtäglich anfallen. Tätigkeiten wie den Tisch abwischen, den Boden fegen, die Blumen gießen, ein Fenster putzen geben ihnen das Gefühl, groß zu sein und am Leben der Erwachsenen nicht nur teilhaben, sondern auch aktiv mitwirken zu können.

Bei solchen Verrichtungen lernen die Kinder, dass die Umgebung und die Alltagsgegenstände gepflegt und sauber gehalten werden müssen.

Einen Lappen auszuwringen, den Boden zu fegen und mit Handfeger und Schaufel umzugehen erfordert eine genaue Planung und die Einhaltung einer bestimmten Reihenfolge bei den einzelnen Handlungsschritten. Hier erfahren und üben die Kinder Serialität und Sequenzierung. Gerade diese Fähigkeiten sind nicht nur die Grundlage jeder Handlungsfähigkeit. Sie bilden darüber hinaus die Basis zum Erwerb von Kulturtechniken wie Lesen und Schreiben.

Die Übungen vermitteln den Kindern einen Sinn für Sauberkeit und Ordnung sowie für Genauigkeit und Sorgfalt im Umgang mit den Gegenständen. Die Tätigkeiten verlangen beidhändiges Arbeiten. Die Koordination der Bewegungen wird geschult, Konzentration und Ausdauer wird geübt, die Muskulatur des gesamten Körpers, vor allem der Arme und Hände, wird gekräftigt.

Einen Schwamm ausdrücken

Das benötigen Sie:
kleiner Schwamm; 2 Schalen; Wasser; kleines Tuch; wasserfestes Tablett

Das ist vorzubereiten:
Füllen Sie eine der Schalen mit Wasser und stellen Sie alle Materialien auf dem Tablett zusammen.

So führen Sie die Übung ein:
Nehmen Sie den Schwamm und legen Sie ihn in die Schale, in der sich das Wasser befindet. Lassen Sie ihn sich einige Sekunden mit Wasser vollsaugen. Dann nehmen Sie ihn mit einer Hand aus der Schüssel. Halten Sie die andere Hand darunter, so dass Sie damit tropfendes Wasser auffangen können. Führen Sie den Schwamm über die zweite Schüssel. Hier wird das Wasser durch Zusammenpressen der Hand aus dem Schwamm gedrückt, so dass es in die Schüssel läuft. Danach öffnen Sie die Hand wieder.

Dieser Vorgang wird wiederholt, bis sich kein Wasser mehr in der Schüssel befindet. Trocknen Sie Ihre Hände mit dem Handtuch ab. Sollte Wasser auf den Tisch oder das Tablett getropft sein, so wischen Sie es auf.

Das Kind kann die Arbeit wiederholen, indem es nun das Wasser mit dem Schwamm zurück in die erste Schüssel füllt.

Fehlerkontrolle:
- Wasser wird verschüttet.

Weitere Möglichkeiten:
- Legen Sie einen großen Schwamm bereit, den das Kind mit beiden Händen ausdrücken muss.
- Bieten Sie unterschiedliche Schwämme an.
- Geben Sie einen Spritzer mildes Reinigungsmittel in das Wasser.

Transfer zum Alltag:
Das Kind kann bei Reinigungsarbeiten helfen und z. B. einen Tisch mit einem Schwamm säubern.

Einen Lappen auswringen

Das benötigen Sie:
2 Schüsseln; Wasser; Spültuch; Ablage für das Tuch; kleines Handtuch; wasserfestes Tablett

Das ist vorzubereiten:
Füllen Sie Wasser in eine der Schüsseln.

So führen Sie die Übung ein:
Tauchen Sie das Spültuch in die mit Wasser gefüllte Schüssel. Nehmen Sie es mit beiden Händen wieder heraus. Halten Sie es noch kurz über der Schüssel, bis das meiste Wasser abgetropft ist. Führen Sie nun das Tuch über die leere Schüssel. Hier wringen Sie es mit einer gegenläufigen Drehbewegung beider Hände aus.

Wiederholen Sie das Ganze, bis sich kein Wasser mehr in der ersten Schüssel befindet. Wurde Wasser verschüttet, wischen Sie es mit dem Tuch auf. Dann legen Sie den Lappen in die Ablage. Trocknen Sie mit dem Handtuch Ihre Hände ab und legen Sie es zusammengefaltet wieder auf das Tablett.

Die Einführung ist beendet, und das Kind kann üben.

Fehlerkontrolle:
- Wasser wird verschüttet.
- Die Drehbewegung gelingt nicht, so dass das Tuch immer sehr nass ist.

Weitere Möglichkeiten:
- Variieren Sie mit den Tüchern (Spültuch aus Vlies oder Baumwolle; Schwammtuch).
- Stellen Sie gefärbtes Wasser zur Verfügung.
- Fügen Sie dem Wasser einen Spritzer mildes Spülmittel bei.

Transfer zum Alltag:
Das Kind kann ein Tuch auswringen und z. B. beim Säubern von Möbeln helfen.

Arbeiten mit der Sprühflasche

Das benötigen Sie:
Sprühflasche; Wasser; kleiner Lappen; kleines Handtuch; Tablett

Das ist vorzubereiten:
Suchen Sie vor Beginn der Übung einen geeigneten Arbeitsplatz, an dem das Kind ungestört tätig sein kann (Fenster, Spiegel, Glastür). Sorgen Sie dafür, dass dieser freigeräumt und gut zugänglich ist, so dass das Kind hier direkt mit der Arbeit beginnen kann.

Stellen Sie die benötigten Arbeitsmaterialien auf dem Tablett zusammen.

So führen Sie die Übung ein:
Füllen Sie gemeinsam mit dem Kind Wasser in die Sprühflasche. Tragen Sie das Tablett zu dem Arbeitsplatz.

Nehmen Sie die Sprühflasche und sprühen Sie durch zwei- bis dreimaliges Betätigen des Griffs Wasser auf den Spiegel bzw. das Glas. Stellen Sie die Flasche ab. Wischen Sie mit dem Lappen über die zu reinigende Fläche. Dann legen Sie den Lappen wieder auf das Tablett. Mit dem Handtuch wischen Sie alles trocken. Betrachten Sie das Glas bzw. den Spiegel genau und prüfen Sie, ob noch Schmutz zu sehen ist.

Das Kind wiederholt die Arbeit.

Fehlerkontrolle:
- Es kommt kein Wasser aus der Sprühflasche, da zu wenig Druck auf den Griff ausgeübt wird.
- Die Glas- bzw. Spiegelfläche ist noch schmutzig oder zeigt noch nasse Stellen.

Weitere Möglichkeiten:
- Das Kind arbeitet an waagerechten Flächen.
- Tauschen Sie von Zeit zu Zeit die Lappen zum Reinigen aus.
- Bieten Sie unterschiedlich große Flächen zum Säubern an.
- Geben Sie etwas Reinigungsmittel in das Wasser.

Transfer zum Alltag:
Das Kind kann z. B. bei der Reinigung von Fenstern und Spiegeln helfen.

Mit Handfeger und Schaufel

Das benötigen Sie:
kleine Kehrgarnitur; Papierkügelchen; kleines Schälchen; Pappkreis; großes Tablett

Das ist vorzubereiten:
Stellen Sie mit den Kindern aus bunten Papierschnipseln kleine Kügelchen her. Schneiden Sie aus dünner Pappe einen Kreis aus.

So führen Sie die Übung ein:
Legen Sie den Pappkreis auf den Tisch. Verteilen Sie die Papierkügelchen auf der Arbeitsfläche. Kehren Sie mit dem Handfeger alle Kügelchen auf den Pappkreis. Führen Sie dann die Schaufel dicht an die Papierkügelchen heran und fegen Sie die Kügelchen mit dem Handfeger auf die Schaufel. Von der Schaufel wandert der »Abfall« in das Schälchen. Wiederholen Sie diese Arbeit so lange, bis der Pappkreis leer ist. Dann ist die Übung beendet.

Das Kind kann nun tätig werden.

Fehlerkontrolle:
- Papierkügelchen liegen noch auf dem Tisch oder sind auf den Boden gefallen.
- Papierkügelchen können nicht aufgekehrt werden.

Weitere Möglichkeiten:
- Die Kinder fegen andere Materialien zusammen (z. B. Sand, Gries, Wollfäden).
- Die Kinder arbeiten mit einer großen Kehrgarnitur.

Transfer zum Alltag:
Das Kind kennt den Gebrauch und die Handhabung von Schaufel und Handfeger. Es kann Kehrarbeiten ausführen und im Haushalt helfen.

Den Boden fegen

Das benötigen Sie:
Kinderbesen; Klebefolie; Handfeger und Schaufel; Papierschnipsel, Wollfäden o.Ä.; Eimer

Das ist vorzubereiten:
Schneiden Sie aus der Klebefolie einen Kreis mit ca. 30 cm Durchmesser aus. Wählen Sie einen geeigneten Platz im Raum und kleben Sie den Kreis dort auf den Boden (z.B. in der Nähe des Mülleimers, des Handarbeits- oder Basteltisches oder des Sandtabletts). Der Kreis muss sich farblich deutlich vom Bodenbelag abheben.

So führen Sie die Übung ein:
Schütten sie die Papierschnipsel o. ä. Material auf den Boden. Kehren Sie mit dem Besen alles Material auf den Klebepunkt. Stellen Sie den Besen zur Seite. Nehmen Sie Schaufel und Handfeger und fegen Sie den »Dreck« auf die Schaufel. Kippen Sie ihn in den bereitstehenden Mülleimer. Die Übung ist beendet, wenn auf dem Klebepunkt kein Schmutz mehr zu sehen ist.

Fehlerkontrolle:
- Auf dem Boden liegen noch Schnipsel (oder dergleichen).

Weitere Möglichkeiten:
- Das Kind arbeitet mit einem großen Besen und einer großen Kehrgarnitur.

Transfer zum Alltag:
Das Kind kann bei Reinigungsarbeiten helfen, denn es kennt die Handhabung von Besen, Schaufel und Handfeger. Es kann so z.B. Dreck, den es verursacht hat, selbstständig entfernen.

11. »Ran an die Schere« – Übungen mit Bastel- und Schreibmaterial

Kinder malen, basteln, handarbeiten und werkeln gerne. Vor allem der Umgang mit Schere, Lineal und anderem Schreib- und Büromaterial reizt sie immer wieder. Sie sehen, wie ältere Geschwister und Erwachsene damit umgehen, und ahmen dies im Umgang mit den Materialien nach. Dies gibt ihnen das Gefühl, schon groß zu sein.
Die Einführung in den sachgerechten Gebrauch von Schere, Lineal, Kleber oder Locher schult das Verantwortungsbewusstsein der Kinder und zeigt ihnen, wie sinnvoll und vor allem sicher damit umzugehen ist. Es fördert zudem ihre Selbstständigkeit, denn viele Dinge können sie schon bald alleine bewältigen, wie z. B. Malblätter abheften oder Linien auf einem Blatt für ihre ersten Schreibversuche ziehen.
Arbeiten mit Schreib- und Bastelmaterial verbessert die motorischen Fähigkeiten der Kinder. Das Zusammenspiel von Augen und Händen sowie die Hand-Hand-Koordination werden trainiert. Die Konzentration, die Geschicklichkeit und beidhändiges Arbeiten werden geschult.

Papier schneiden

Das benötigen Sie:
vorbereitete Papierstreifen; Kinderschere; längliche Schale für die Papierstreifen; kleines Schälchen

Das ist vorzubereiten:
Schneiden Sie schmale Papierstreifen zu, die das Kind mit der Schere mit einem Schnitt durchschneiden kann. Ziehen Sie mit einem Filzstift horizontale Striche auf den Streifen.

So führen Sie die Übung ein:
Stellen Sie das kleine Schälchen vor sich. Nehmen Sie einen Papierstreifen in die eine und die Schere in die andere Hand. Führen Sie die Schere gut sichtbar an den ersten Strich heran, so dass das Kind darauf aufmerksam wird. Schneiden Sie mit der Schere entlang dem Strich. Achten Sie darauf, dass das abgeschnittene Papierstück in das kleine Schälchen fällt.

Wiederholen Sie dies noch zwei- bis dreimal. Dann übergeben Sie dem Kind die Arbeit.

Am Ende werden die Papierschnipsel in dem kleinen Schälchen in den Müll entsorgt. Das leere Schälchen kommt zurück auf das Tablett, so dass das nächste Kind mit der Arbeit beginnen kann.

Fehlerkontrolle:
- Auf den abgeschnittenen Stücken sind noch deutlich die aufgemalten Streifen zu sehen.

Weitere Möglichkeiten:
- Verkleinern Sie die Abstände zwischen den aufgemalten Streifen.
- Malen Sie schräge Streifen auf.

Transfer zum Alltag:
Das Kind kann sicher mit der Schere umgehen und entlang einer Linie schneiden.

Ein Lineal benutzen

Das benötigen Sie:
Lineal (ca. 20 cm lang); Bleistift; weißes Papier DIN A5; rechteckige Schale; Tablett

Das ist vorzubereiten:
Legen Sie das Papier horizontal vor sich. Malen Sie darauf Punkte, die sich mit etwas Abstand gegenüberliegen.

So führen Sie die Übung ein:
Nehmen Sie das Blatt und legen Sie es hochkant vor sich. Nehmen Sie das Lineal und legen Sie es waagerecht auf das Blatt. Machen Sie das Kind auf die ersten beiden Punkte auf der linken und der rechten Seite des Blattes aufmerksam. Legen Sie das Lineal so an, dass es die beiden Punkte verbindet. Halten Sie es fest und fahren Sie mit dem Stift daran entlang. Zeigen Sie dem Kind die entstandene Linie. Wiederholen Sie dies drei- bis viermal.

Laden Sie nun das Kind zum Arbeiten ein.

Fehlerkontrolle:
- Die auf dem Blatt gezogenen Linien ergeben kein ordentliches Gesamtbild.

Weitere Möglichkeiten:
- Das Kind arbeitet mit unterschiedlichen Linealen.
- Es benutzt unterschiedliche Stifte.
- Es verbindet wahllos angeordnete Punkte damit.

Transfer zum Alltag:
Das Kind kann mit einem Lineal Striche ziehen und diese Fähigkeit z. B. bei Bastel- und Schreibarbeiten nutzen.

Perforiertes Papier reißen

Das benötigen Sie:
Papier; Filzunterlage; Kopierrädchen (Schneidereibedarf); 2 rechteckige Schalen; Tischset; Tablett

Das ist vorzubereiten:
Schneiden Sie das Papier in handliche Stücke (ca. DIN-A5-Format). Nehmen Sie die Filzunterlage und legen Sie ein Papierstück darauf. Mit dem Kopierrädchen ziehen Sie nun Linien über das Papier. Es ist jetzt perforiert und kommt in eine der Schalen. Alles wird auf dem Tablett zurechtgestellt.

So führen Sie die Übung ein:
Nehmen Sie ein Papier aus der Schale und legen Sie es so vor sich, dass die Perforation als Linie senkrecht vor Ihnen liegt.

Fassen Sie die obere, rechte Ecke des Papiers an, wenn das Kind Rechtshänder ist, oder die obere linke Ecke, wenn das Kind Linkshänder ist. Reißen Sie das Papier vorsichtig an der Perforierung ab. Wiederholen Sie dies mit weiteren Streifen. Die einzelnen Stücke kommen in das zweite Schälchen.

Nehmen Sie ein neues Papier. Das Kind wird nun tätig.

Fehlerkontrolle:
- Das abgerissene perforierte Papier ergibt kein ordentliches Abrissmuster.
- Das Papier zerreißt an unterschiedlichen Stellen.

Weitere Möglichkeiten:
- Legen Sie verschiedene Papiere in unterschiedlichen Stärken zum Perforieren bereit.
- Bieten Sie Papier mit unterschiedlich perforierten Stellen an (z. B. über Eck, in Wellen- oder Zickzacklinie ...).

Transfer zum Alltag:
Das Kind kann perforiertes Papier sicher abreißen (z. B. Papier von einem Malblock, Collegeblock, Kalenderblatt ...).

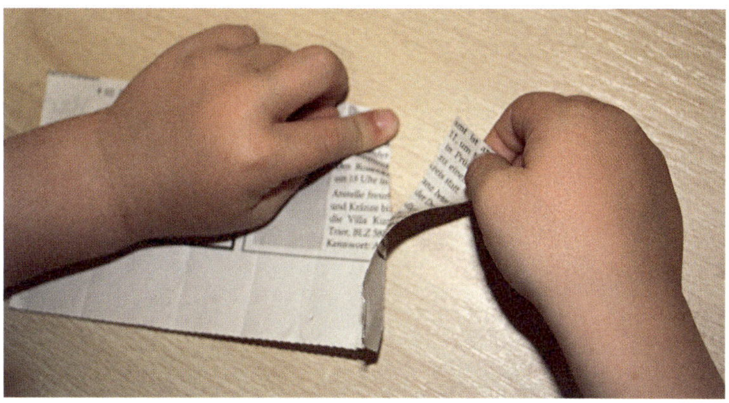

Papier lochen

Das benötigen Sie:
Papier; kleiner Locher; Heftstreifen; Tablett

Das ist vorzubereiten:
Schneiden Sie Papier im DIN-A5-Format zurecht. Legen Sie alle Materialien auf das Tablett.

So führen Sie die Übung ein:
Nehmen Sie ein Blatt und legen Sie es hochkant vor sich. Ziehen Sie die obere Kante des Papiers auf die untere Kante, als ob Sie es falten wollten. Drücken Sie am linken Rand genau an der Stelle auf das Blatt, an der die Falzkante entstehen würde. Öffnen Sie das Papier wieder. Nehmen Sie den Locher und zeigen Sie dem Kind die Markierung in der Mitte. Schieben Sie das Blatt so in den Locher, dass die Markierung im Locher und die entstandene Markierung auf dem Papier genau übereinanderliegen. Drücken Sie den Bogen des Lochers nach unten. Ziehen Sie das Blatt aus dem Locher und befestigen Sie es an dem Heftstreifen.

Das Kind wiederholt die Arbeit.

Fehlerkontrolle:
- Die Löcher sitzen schief.
- Die an dem Heftstreifen befestigten Blätter ergeben ein unordentliches Gesamtbild.

Weitere Möglichkeiten:
- Das Kind locht andere Papierformate.
- Bieten Sie unterschiedliche Papierstärken zum Lochen an.
- Stellen Sie Locher in unterschiedlichen Größen bereit.

Transfer zum Alltag:
Das Kind kennt die Handhabung eines Lochers. Es kann z. B. Malblätter in einem Ordner abheften.

Geschenkband kräuseln

Das benötigen Sie:
Geschenkband, das sich kräuseln lässt; Schere; zwei Schälchen

Das ist vorzubereiten:
Schneiden Sie von dem Geschenkband ca. 20 cm lange Stücke ab und legen Sie sie in eines der Schälchen.

So führen Sie die Übung ein:
Nehmen Sie ein Stück Geschenkband und halten Sie es an einem Ende fest. Nehmen Sie die geschlossene Schere in die andere Hand und führen Sie sie unter das Geschenkband. Halten Sie nun Schere und Geschenkband mit einer Hand fest. Ziehen Sie das Band zwischen Schere und Daumen bis zum Ende durch. Das Band kräuselt sich dadurch. Legen Sie es in das leere Schälchen. Verfahren Sie mit weiteren 2–3 Geschenkbändern ebenso.

Bitten Sie das Kind, die Übung weiterzuführen.

Fehlerkontrolle:
- Das Band kräuselt sich nicht.

Transfer zum Alltag:
Das Kind kann beim Einpacken von Geschenken helfen und das Band kräuseln.
Das Kind kann die Technik bei Bastelarbeiten anwenden und z. B. Papier kräuseln.

Wolle wickeln

Das benötigen Sie:
großes Wollknäuel; Schere; Holzschälchen; Tablett

So führen Sie die Übung ein:
Legen Sie das große Knäuel vor sich. Nehmen Sie den Faden in die Hand und wickeln Sie ihn mehrmals um zwei Finger der anderen Hand. Streifen Sie ihn ab und beginnen Sie, ein kleines Knäuel zu wickeln. Achten Sie darauf, die Bewegungen langsam und deutlich auszuführen, so dass das Kind sie gut sehen kann. Ist das Wollknäuel schon ein wenig rund, geben Sie es dem Kind zum Weiterwickeln. Je dicker das Knäuel wird, umso leichter lässt sich die Wolle aufwickeln. Ist die gewünschte Dicke des Knäuels erreicht, schneidet das Kind den Faden ab. Das kleine Knäuel kommt in das Schälchen.

Fehlerkontrolle:
- Das gewickelte Knäuel sieht unordentlich aus. Einzelne Fäden stehen heraus.

Weitere Möglichkeiten:
- Bieten Sie den Kindern Wolle in unterschiedlicher Stärke zum Aufwickeln an.

Transfer zum Alltag:
Das Kind kann aus einem großen Wollknäuel kleine wickeln.

12. »Haare kämmen, Hände waschen« – Übungen zur Pflege der eigenen Person

Um selbstständig zu werden, müssen Kinder nicht nur lernen, wie sie mit den Gegenständen der Umgebung zurechtkommen. Selbstständigkeit beinhaltet außerdem die Pflege der und die Sorge für die eigene Person.

Schon junge Kinder sind in der Lage, sich die Haare zu kämmen, die Hände zu waschen oder die Nägel zu reinigen. Tätigkeiten dieser Art setzen unterschiedliche taktile Reize an verschiedenen Körperstellen (z. B. Kopfhaut, Gesicht).

Das Kind lernt, sich selbst zu pflegen und dabei auf bestimmte Dinge zu achten. Es lernt des Weiteren seinen Körper besser kennen und wird sensibel dafür, was ihm guttut und was nicht.

Übungen zur Pflege der eigenen Person tragen dazu bei, das Körperbewusstsein und die Körperwahrnehmung zu schulen. Sie sind somit ein wichtiger Beitrag zu einer sinnvollen Gesundheitsförderung.

Die Pflege der eigenen Person beinhaltet auch die »Schönheitspflege«. Hierzu zählt z. B. das Anlegen von unterschiedlichen Schmuckteilen (Anstecknadeln, Ketten, Armbändern) und natürlich von Haarschmuck (Haargummis, Haarspangen).

All diese Tätigkeiten fördern die Bewegungskoordination und schulen die Feinmotorik, die Geschicklichkeit, die Ausdauer und die Konzentration.

Die Hände waschen

Das benötigen Sie:
große Schüssel; Wasser; milde Seife; Seifenablage; Handtuch; wasserfestes Tablett; Bodenwischer

Das ist vorzubereiten:
Wählen Sie den Arbeitsplatz möglichst in der Nähe eines Waschbeckens. Dann kann das Kind selbst die Schüssel mit Wasser füllen und am Ende der Übung das Schmutzwasser in das Becken schütten.

So führen Sie die Übung ein:
Stellen Sie sich vor das Tablett mit den Materialien. Sollten Sie langärmelige Kleidung tragen, so schlagen sie die Ärmel nach oben um, damit sie nicht nass werden.

Tauchen Sie beide Hände für ein paar Sekunden in das Wasser. Nehmen Sie sie wieder heraus und halten Sie sie noch kurz über der Schüssel, damit das Wasser abtropfen kann. Nehmen Sie die Seife auf und reiben Sie sie zwischen den Händen, bis sich etwas Schaum bildet. Legen Sie die Seife zurück auf die Ablage.

Reiben Sie die Handflächen aneinander und dann mit der einen Hand über den Handrücken der anderen und umgekehrt. Reiben Sie über jeden Finger und zeigen Sie auch deutlich, dass Sie die kleinen Hautflächen zwischen den Fingern reinigen.

Tauchen Sie die Hände in die Wasserschüssel und wischen Sie den Seifenschaum ab. Die Hände werden wieder aus dem Wasser gehoben, einige Sekunden über der Schüssel gehalten und dann erst mit dem bereitliegenden Handtuch abgetrocknet.

Ist ein Waschbecken in unmittelbarer Nähe, entsorgen Sie dort vorsichtig das schmutzige Wasser und geben sauberes Wasser in die Schüssel. Kontrollieren Sie, ob bei der Arbeit Wasser auf dem Tablett oder auf den Boden verschüttet wurde, und wischen Sie dieses auf.

Das Kind führt die Arbeit nun selbstständig aus.

Fehlerkontrolle:
- Die Hände zeigen Seifenreste, sind noch schmutzig oder noch nass.
- Wasser wird verschüttet.

Weitere Möglichkeiten:
- Bieten Sie den Kindern unterschiedliche Seifenformen an.
- Stellen Sie Flüssigseife in einem kleinen Behälter bereit.

Transfer zum Alltag:
Das Kind kann sich selbstständig die Hände waschen.

Das Gesicht eincremen

Das benötigen Sie:
kleines Glasschälchen mit Creme; Haarband; Spiegel; Kosmetiktücher

Das ist vorzubereiten:
Beschreiben Sie den Eltern Ihr Vorhaben und teilen Sie ihnen mit, welche Creme Sie zu dieser Übung benutzen möchten. Fragen Sie nach, ob Allergien dagegen bestehen. Achten Sie beim Kauf der Creme auf gute Qualität und darauf, dass sie sich gut verteilen lässt. Füllen Sie die Creme in das Glasschälchen.

So führen Sie die Übung ein:
Ziehen Sie das Haarband über und platzieren Sie es so, dass keine Haare ins Gesicht fallen. Nehmen Sie mit den Fingerspitzen des Mittelfingers und des Zeigefingers etwas Creme auf. Geben Sie diese auf mehrere Stellen im Gesicht (Wangen, Stirn, Kinn). Sollten Sie zu viel Creme aufgenommen haben, wischen Sie den Rest mit dem Tuch ab. Nun verteilen Sie die Creme im Gesicht. Schauen Sie dabei in den Spiegel. Kontrollieren Sie zum Schluss überdeutlich, ob keine Cremereste mehr zu sehen sind. Dann ziehen Sie das Haarband aus. Geben Sie die Materialien dem Kind.

Das Kind cremt sich sein Gesicht ein.

Fehlerkontrolle:
- Es wurde zu viele Creme aufgetragen, die sich nun kaum noch verreiben lässt.
- Die Creme ist nicht restlos verteilt, so dass im Gesicht noch weiße Stellen zu sehen sind.

Weitere Möglichkeiten:
- Bieten Sie den Kindern Cremes mit unterschiedlichen Duftstoffen an.
- Kaufen Sie Creme, die kräftig verrieben werden muss. Hier werden besonders intensive taktile Reize gesetzt.
- Bieten Sie Creme aus einer Tube oder einer Flasche an.
- Zeigen Sie dem Kind, wie es die Creme an anderen Körperstellen (Arme, Beine) aufträgt.

Transfer zum Alltag:
Das Kind kann sich selbstständig das Gesicht eincremen. Es kann z. B. Sonnenmilch im Gesicht auftragen.

Die Fingernägel reinigen

Das benötigen Sie:
Nagelfeile; 2 kleine Tonuntersetzer oder andere Schälchen; runde Abschminkpads; Tablett

Das ist vorzubereiten:
Legen Sie die Pads in einen der Tonuntersetzer bzw. eines der Schälchen.

So führen Sie die Übung ein:
Legen Sie ein Wattepad vor sich.

Nehmen Sie die Nagelfeile zur Hand und führen Sie deren Spitze zu einem Fingernagel. Fahren Sie ganz langsam und sehr deutlich unter dem Nagel entlang. Streifen Sie die Spitze der Nagelfeile an dem Abschminkpad ab, so dass der Schmutz, der sich eventuell unter dem Nagel befand, daran haften bleibt.

Auf die gleiche Art und Weise verfahren Sie mit den restlichen Nägeln einer Hand.

Nehmen Sie die Feile in die andere Hand und reinigen Sie auch deren Nägel.

Legen Sie zum Schluss das Wattepad in das andere Schälchen.

Damit ist die Arbeit beendet, und das Kind kann sie nachahmen. Beendet es die Übung, wird das verschmutzte Abschminkpad in den Mülleimer entsorgt.

Fehlerkontrolle:
- Die Nägel sind noch schmutzig.

Weitere Möglichkeiten:
- Bieten Sie den Kindern Nagelfeilen mit unterschiedlichen Spitzen an.

Transfer zum Alltag:
Das Kind kann sich selbstständig die Nägel reinigen.

Die Haare kämmen

Das benötigen Sie:
kleiner Tisch; Kamm; Bürste; Standspiegel (oder aufgehängter Spiegel); Handspiegel; Behälter mit Deckel für lose Haare

Das ist vorzubereiten:
Richten Sie einen kleinen, gemütlichen Platz ein, an dem die Kinder »Verschönerungsarbeiten« der unterschiedlichsten Art durchführen können (z. B. sich die Haare kämmen, Haargummis oder Haarspangen befestigen). Neben einem Tisch und einem Spiegel sollte ein kleines Regal vorhanden sein, in dem die verschiedenen Übungen griffbereit stehen.

So führen Sie die Übung ein:
Nehmen Sie den Kamm zur Hand. Setzen Sie ihn am Haaransatz an und führen Sie ihn nach unten. Kämmen Sie die Haare von einer Seite zur anderen. Betrachten Sie sich im Spiegel. Nehmen Sie den Handspiegel und halten Sie ihn so, dass Sie darin die Haare am Hinterkopf sehen können.

Legen Sie den Spiegel zur Seite. Nehmen Sie den Kamm und prüfen Sie, ob Haare daranhängen. Entfernen Sie diese und geben Sie sie in den entsprechenden Behälter.

Fordern Sie das Kind auf, sich die Haare zu kämmen.

Fehlerkontrolle:
- Die Haare sind an manchen Stellen noch zerzaust.

Weitere Möglichkeiten:
- Bieten Sie unterschiedliche Kämme und Bürsten an.
- Fordern Sie die Kinder auf, sich gegenseitig zu kämmen.

Transfer zum Alltag:
Das Kind kann sich selbst und anderen die Haare kämmen.

Haarspangen befestigen

Das benötigen Sie:
2–6 Haarspangen mit gleicher Verschlusstechnik; kleines Körbchen; Kamm; Spiegel

So führen sie die Übung ein:
Wählen Sie eine Haarspange aus und zeigen Sie dem Kind deutlich, wie sie gehandhabt wird. Kämmen Sie ihre Haare. Öffnen Sie dann die Spange und führen Sie sie in die Haare. Schließen Sie die Spange. Nehmen Sie eine weitere Spange zur Hand und verfahren Sie damit ebenso. Betrachten Sie sich im Spiegel und prüfen Sie demonstrativ, ob die Spangen richtig sitzen.

Fordern Sie das Kind auf, sich ebenfalls Haarspangen auszuwählen und diese in den Haaren zu befestigen.

Fehlerkontrolle:
- Das Kind kann die Spangen nicht öffnen oder schließen. Sie finden dadurch keinen Halt in den Haaren.

Weitere Möglichkeiten:
- Bieten Sie Haarspangen mit unterschiedlichen Verschlusstechniken an.
- Zwei Kinder befestigen sich gegenseitig die Haarspangen.
- Stellen Sie den Kindern einen großen Puppenkopf (Schminkkopf) zur Verfügung. Hier können auch Jungen üben, wie unterschiedliche Haarspangen befestigt werden. Sollten Sie einen Kurzhaarschnitt haben, können Sie die Einführung auch an diesem Puppenkopf zeigen.

Transfer zum Alltag:
Das Kind kann die eigene Haarpflege übernehmen und sich Spangen in den Haaren anbringen.

Eine Brosche anstecken

Das benötigen Sie:
4–5 Broschen; 4–5 kleine Stoffstücke; 3 kleine Schälchen; Tablett

Das ist vorzubereiten:
Schneiden Sie die Stoffstücke aus nicht zu festem Stoff aus. Achten Sie bei der Auswahl der Broschen darauf, dass sie große Anstecknadeln haben. Diese sind für die Kinder zunächst leichter zu handhaben.

So führen Sie die Übung ein:
Wählen Sie eine Brosche und ein Stoffstück aus. Zeigen Sie dem Kind, wie die Nadel geöffnet wird. Stecken Sie die Nadel durch den Stoff und führen Sie sie wieder heraus. Legen Sie den Verschluss um die Nadel und schließen Sie ihn. Legen Sie das Stoffstück zur Seite. Befestigen Sie nun nach und nach alle Broschen an den Stoffstücken.

Entfernen Sie die Broschen wieder, damit das Kind tätig werden kann.

Fehlerkontrolle:
- Die Brosche findet keinen Halt am Stoff.

Weitere Möglichkeiten:
- Legen Sie unterschiedlich große Broschen aus unterschiedlichen Materialien zum Anstecken bereit.
- Variieren Sie die Stoffstücke.
- Bieten Sie Broschen mit unterschiedlichen Verschlusstechniken an.
- Legen Sie kleine Puppenpullis, -jacken und/oder -blusen bereit, an denen die Kinder die Broschen befestigen können.
- Die Kinder befestigen sich selbst und anderen die Broschen an der Kleidung.

Transfer zum Alltag:
Das Kind kann sich und anderen Broschen an Kleidungsstücken befestigen.

Kettenverschlüsse

Das benötigen Sie:
2–3 Ketten mit unterschiedlichen Verschlusstechniken; Korb; großes Tablett

So führen Sie die Übung ein:
Wählen Sie eine Kette aus dem Korb und legen Sie sie vor sich ab. Nehmen Sie den Verschluss in die Hände und betrachten Sie ihn genau. Zeigen Sie dem Kind, wie er geöffnet und geschlossen wird. Legen Sie die Kette verschlossen zur Seite. Verfahren Sie mit den restlichen Ketten ebenso. Legen Sie zum Schluss wieder alle Ketten zurück in den Korb.

Schieben Sie das Tablett zum Kind, so dass es mit den Ketten arbeiten kann.

Fehlerkontrolle:
- Eine oder mehrere Ketten lassen sich nicht öffnen oder schließen.

Weitere Möglichkeiten:
- Das Kind hängt einem anderen Kind eine Kette um.
- Das Kind arbeitet vor einem Spiegel und hängt sich die Ketten um.
- Das Kind legt einer Puppe oder einem Puppenkopf die Ketten um.

Transfer zum Alltag:
Das Kind kennt die Handhabung unterschiedlicher Kettenverschlüsse und kann sich selbst und anderen Ketten umhängen.

13. »Kindern Nahrung geben« – Übungen zur Nahrungszubereitung

Kinder erleben tagtäglich in ihrem Lebensumfeld, wie Nahrung zubereitet wird. Natürlich möchten sie mithelfen und alle anfallenden Arbeiten – vom Einkauf über die Lagerung bis zu den unterschiedlichen Zubereitungsmöglichkeiten der Lebensmittel – kennenlernen und sich daran beteiligen.

Mit entsprechend handlichen Arbeitsgeräten können sie sich beim Kochen oder Backen einbringen und hier im Rahmen ihrer Möglichkeiten aktiv werden. Wichtig ist, dass die Arbeitsgeräte, die den Kindern zur Verfügung gestellt werden, keine Spielzeugattrappen, sondern echte, gebrauchsfähige Haushaltsgegenstände sind. Dadurch fühlen sich die Kinder in ihrem Tun ernst genommen. So schneiden sie eine Banane mit einem »echten« Messer in mundgerechte Stücke und benutzen Porzellangeschirr anstelle von Plastikgeschirr. Der unsachgemäße Gebrauch der Materialien wird direkt deutlich, denn Porzellangeschirr geht kaputt, wenn es herunterfällt, und unachtsames Schneiden mit dem Messer kann zu Schnittwunden führen.

Lassen Sie die Kinder nicht unbeaufsichtigt und greifen Sie bei Bedarf ein! Weisen Sie immer wieder darauf hin, wie wichtig die Hygiene im Umgang mit Nahrungsmitteln ist. Das Händewaschen ist vor jeder Arbeit Pflicht!

All jene Tätigkeiten, die Kinder schon alleine ausführen können, stärken sie in ihrem Selbstvertrauen und in ihrer Selbstständigkeit.

In den nun folgenden Übungen lernen sie den sachgerechten Umgang mit den Haushaltsgeräten kennen. Die Augen-Hand- und die Hand-Hand-Koordination werden geschult. Benennen Sie die Materialien, die zum Einsatz kommen. Dies erweitert ganz nebenbei den Wortschatz der Kinder.

Erdnüsse schälen

Das benötigen Sie:
3 Schälchen; Erdnüsse mit Schale; Tablett

Das ist vorzubereiten:
Vergewissern Sie sich, dass in der Gruppe keine Kinder mit Erdnussallergie sind! Geben Sie die Erdnüsse in eines der Schälchen. Stellen Sie die Schälchen auf das Tablett.

So führen Sie die Übung ein:
Nehmen Sie eine Erdnuss zwischen den Daumen und den Zeigefinger und zerdrücken Sie sie. Entfernen Sie die Schale. Sie kommt in eines der Schälchen. Geht die braune Haut dabei nicht ab, machen Sie das Kind auf diese aufmerksam. Schälen Sie die Haut ab und legen Sie die Erdnuss in das andere Schälchen. Wiederholen Sie dies mit 3–4 Erdnüssen.

Schieben Sie das Tablett vor das Kind und laden Sie es zum Weiterarbeiten ein. Sind alle Nüsse geschält, werden die Schalen in den Mülleimer entsorgt.

Das Kind kann die Erdnüsse an andere Kinder in der Gruppe verteilen oder selbst aufessen.

Fehlerkontrolle:
- Eine oder mehrere Erdnüsse können nicht geschält werden, da das Kind nicht genügend Druck auf die Schale ausübt.
- An einer Nuss ist die Schale oder die braune Haut noch sichtbar.

Weitere Möglichkeiten:
- Bieten Sie den Kindern Pistazien zum Schälen an.

Transfer zum Alltag:
Das Kind kann Erdnüsse schälen.

Eine Banane zubereiten

Das benötigen Sie:
Banane; Brettchen; Messer; 2 Schälchen; Tablett

Das ist vorzubereiten:
Markieren Sie, wenn möglich, den Messerrücken mit grünem, weißem oder gelbem Nagellack. So weiß das Kind, dass dies die ungefährliche Seite ist.

So führen Sie die Übung ein:
Stellen Sie das Tablett so vor sich, dass das Brettchen unten liegt. Nehmen Sie das Messer und zeigen Sie dem Kind, wie es gehandhabt wird. Machen Sie es auf die Messerschneide aufmerksam! Machen Sie mit dem Messer einen kleinen Schnitt in den unteren Teil des Stiels. Öffnen Sie dann die Banane und entfernen Sie die Schale. Betrachten Sie die Banane von allen Seiten und kontrollieren Sie, ob noch Schalenreste vorhanden sind. Legen Sie die Schale in eines der Schälchen.

Schneiden Sie nun die Banane in kleine Scheiben. Die Bananenstücke kommen in die zweite Schale. Diese kann nun auf einen kleinen Tisch gestellt werden, so dass die Kinder sich bedienen können.

Leeren Sie das Schälchen mit der Bananenschale in einen Mülleimer. Nehmen Sie eine neue Banane und legen Sie sie auf das Tablett. Das Kind kann sie nun alleine öffnen und schneiden.

Am Ende der Arbeit werden nach Möglichkeit alle Materialien von dem Kind gespült.

Fehlerkontrolle:
- Das Kind schneidet zu kleine Stücke, die nicht mehr gegriffen werden können.
- Die Banane ist zermatscht, da das Kind beim Arbeiten zu viel Druck ausübt.

Transfer zum Alltag:
Das Kind kann sich selbstständig eine Banane öffnen und zerschneiden.

Eine Karotte schälen

Das benötigen Sie:
Karotte; Sparschäler; 2 Schälchen oder Schüsseln; Messer; kleines Brettchen; wasserfestes Tablett

Das ist vorzubereiten:
Schneiden Sie die Spitze und das Ende der Karotte ab, bevor Sie sie auf das Tablett legen.

So führen Sie die Übung ein:
Stellen Sie das Tablett vor sich. Zeigen Sie dem Kind den Sparschäler und machen Sie es auf die richtige Handhabung aufmerksam.

Halten Sie die Karotte an einem Ende fest. Setzen Sie den Sparschäler an und ziehen Sie ihn über die Karotte. Legen Sie die abgeschälte Karottenschale in eines der Schälchen. Fahren Sie fort, die Karotte zu schälen, und machen Sie dabei das Kind darauf aufmerksam, dass die Karotte jedes Mal weitergedreht werden muss.

Ist die Karotte geschält und die Schale in einem Schälchen gesammelt, wird diese in den Müll entsorgt.

Je nach Alter und Fähigkeit des Kindes wird die Karotte nun von Ihnen oder dem Kind in mundgerechte Stücke zerschnitten. Die Karottenstücke kommen in das zweite Schälchen.

Nachdem alle benötigten Werkzeuge und Materialien gespült sind, wird das Tablett mit einer neuen Karotte bestückt und zurück ins Regal gestellt.

Fehlerkontrolle:
- Es befindet sich noch Schale an der Karotte.
- Die Karotte wird immer dünner, da das Kind sie während des Schälens nicht gedreht hat.

Transfer zum Alltag:
Das Kind kann eine Karotte schälen und somit z. B. bei der Essenszubereitung helfen.

Eine Apfelsine auspressen

Das benötigen Sie:
Apfelsine; Schüssel; Messer; kleines Brettchen; Glas; manuelle Apfelsinenpresse; feuchtes Tuch; Schälchen für Abfall; wasserfestes Tablett

Das ist vorzubereiten:
Schneiden Sie die Apfelsine durch, bevor Sie sie auf das Tablett legen! Das Kind soll seine Aufmerksamkeit zunächst auf das Auspressen der Apfelsine richten. Sind die Kinder geübt darin und wurde ihnen der Umgang mit einem Messer gezeigt, können sie später selbst die Apfelsine durchschneiden.

So führen Sie die Übung ein:
Legen Sie die Apfelsine auf das Brettchen und schneiden Sie sie mit dem Messer in der Mitte durch. Legen Sie eine Hälfte in das Schälchen. Die andere Hälfte halten Sie über die Apfelsinenpresse. Führen Sie sie langsam und deutlich auf die Presse und drücken Sie sie durch Drehen der Hand fest auf die Presse. Kontrollieren Sie, ob die Apfelsinenhälfte ausgepresst ist. Ist dies der Fall, kommt sie in das Abfallschälchen. Ist noch Fruchtfleisch zu erkennen, pressen Sie sie erneut aus.

Schütten Sie den gewonnenen Saft von der Presse in das Glas. Wischen Sie sich mit dem feuchten Tuch die Hände ab und laden Sie das Kind dazu ein, die zweite Apfelsinenhälfte auszupressen.

Fehlerkontrolle:
- Es tritt kein Saft aus, da das Kind die Apfelsine nicht fest genug auf die Presse drückt.

Weitere Möglichkeiten:
- Das Kind presst eine Zitrone oder eine Limette aus.

Transfer zum Alltag:
Das Kind kann selbstständig Apfelsinensaft für den eigenen Bedarf oder für die Gemeinschaft herstellen.

Einen Teigschaber benutzen

Das benötigen Sie:
Teigschaber; durchsichtige Plastikschüssel mit Deckel; kleine Schüssel; Kleister; Lebensmittelfarbe; Tuch; Ablage; wasserfestes Tablett

Das ist vorzubereiten:
Rühren Sie den Kleister mit etwas Lebensmittelfarbe und Wasser zu einem Brei an und geben Sie ihn in die Plastikschüssel. Feuchten Sie das Tuch an. Stellen Sie alle Materialien auf einem Tablett zusammen.

So führen Sie die Übung ein:
Stellen Sie die Materialien vor sich. Die Schüssel mit dem Kleister steht links, die kleine Schüssel rechts daneben. Öffnen Sie die Kleisterschüssel und legen Sie den Deckel auf das Tablett. Nehmen Sie den Teigschaber. Gehen Sie damit in die Schüssel. Halten Sie die große Schüssel über die kleine. Schaben Sie Kleister heraus. Lassen Sie ihn in die kleine Schüssel gleiten. Wiederholen Sie dies so lange, bis die große Schüssel fast leer ist. Zeigen Sie dem Kind nun langsam und deutlich, wie Sie den Kleister an den Wänden der Schüssel mit dem Teigschaber herausschaben. Prüfen Sie ab und an das Ergebnis mit einem deutlichen Blick in die Schüssel. Befindet sich kein Kleister mehr an der Wandinnenfläche, stellen Sie die Schüssel ab.

Schieben Sie die Materialien zu dem Kind. Es kann nun den Kleister aus der kleinen Schüssel zurück in die große schaben.

Fehlerkontrolle:
- Es ist noch Kleister an der Schüsselwand zu sehen.
- Kleister ist auf das Tablett gefallen.

Weitere Möglichkeiten:
- Stellen Sie den Kindern ungefärbten Kleister zur Verfügung.
- Bieten Sie dem Kind unterschiedliche Teigschaber an.
- Der Kleister wird aus unterschiedlichen Gefäßen geschabt.

Transfer zum Alltag:
Das Kind kennt die Handhabung eines Teigschabers und kann z. B. beim Backen eines Kuchens den Teig aus der Schüssel schaben.

Sand abwiegen

Das benötigen Sie:
mechanische Küchenwaage; Sand; großer Löffel; große Schüssel; kleine Schüsseln in der Anzahl der Auftragskarten; vorbereitete Arbeitskarten; kleine Dose

Das ist vorzubereiten:
Schreiben Sie auf kleine Karten unterschiedliche Gewichte (z. B. 500 g, 100 g, 300 g). Geben Sie den Sand in die große Schüssel. Er sollte genau so viel wiegen wie die auf allen Karten zusammen angegebene Menge. Stellen Sie die kleinen Schalen mit der Waage, der großen Schüssel und den Auftragskarten in der Dose auf das Tablett.

So führen Sie die Übung ein:
Stellen Sie die Waage mit einer kleinen Schüssel darauf vor sich. Drehen Sie die Waage so, dass der Strich auf der Null steht. Nehmen Sie eine beliebige Auftragskarte aus der Dose. Zeigen Sie dem Kind die auf der Karte angegebene Zahl auf der Skala der Waage. Löffeln Sie nun Sand in die Schüssel, bis das Gewicht erreicht ist. Achten Sie dabei immer wieder explizit auf den Strich der Waage. Stellen Sie das Schälchen mit der Karte zur Seite. Fordern Sie das Kind auf, eine neue Karte zu nehmen und selbst zu wiegen.

Fehlerkontrolle:
- Am Ende ist zu viel oder zu wenig Sand in der Schüssel.

Weitere Möglichkeiten:
- Das Kind wiegt andere Materialien (Salz, Gries, Mehl, Reis, dicke Bohnen, Nüsse ...).
- Bieten Sie unterschiedliche Waagen an.

Transfer zum Alltag:
Das Kind kennt die Handhabung einer Waage und kann Zutaten zum Kochen oder Backen abwiegen.

Arbeiten mit dem Mörser

Das benötigen Sie:
Mörser mit Stößel; Kandiszucker; kleiner Löffel; 2 Gläser mit Schraubverschluss; kleiner Pinsel; Tablett

Das ist vorzubereiten:
Füllen Sie den Kandiszucker in eines der Gläser.

So führen Sie die Übung ein:
Öffnen Sie das Glas mit dem Kandiszucker. Geben Sie einen Löffel Zucker in den Mörser. Bearbeiten Sie ihn mit dem Stößel, bis er fein zermahlen ist.

Öffnen Sie das leere Glas und füllen Sie den Zucker hinein. Mit dem Pinsel lassen sich Reste entfernen. Verschließen Sie das Glas und stellen Sie das Tablett vor das Kind. Es kann nun tätig werden.

Fehlerkontrolle:
- Der Zucker ist noch sehr grobkörnig.
- Er wird beim Umfüllen verschüttet.

Weitere Möglichkeiten:
- Das Kind zermahlt andere Materialien (z. B. Teezucker, Pfefferkörner, Kräuter, grobes Salz, Zwieback ...).

Transfer zum Alltag:
Das Kind kann mit dem Mörser umgehen und Lebensmittel darin zermahlen. Diese können z. B. zur Nahrungszubereitung benutzt werden.

Schaum schlagen

Das benötigen Sie:
Handrührgerät; Wasser; Spülmittel; ein hohes Gefäß (z. B. Messbecher); Gefäß zum Ablegen des Handmixers; Tuch

Das ist vorzubereiten:
Füllen Sie zusammen mit dem Kind den Messbecher mit Wasser und geben Sie einen Spritzer Spülmittel hinein.

So führen Sie die Übung ein:
Stellen Sie den Messbecher zur Seite und zeigen Sie dem Kind zunächst, wie das Handrührgerät gehalten und betätigt wird. Nehmen Sie sich dafür Zeit und benennen Sie die einzelnen Teile (Handgriff, Kurbel, Mixstäbe).

Dann stellen Sie den Messbecher vor sich. Die Schale zum Ablegen und das Tuch liegen griffbereit. Halten Sie das Handrührgerät in den Messbecher. Achten Sie darauf, dass die Mixstäbe nicht den Boden berühren. Weisen Sie das Kindes deutlich darauf hin. Drehen Sie nun schnell die Kurbel. Nach einigen Sekunden bilden sich die ersten Schaumbläschen. Drehen Sie so lange weiter, bis sich ein kleiner Schaumberg gebildet hat. Nehmen Sie nun das Gerät aus dem Messbecher. Lassen Sie das Wasser abtropfen und legen Sie den Handmixer in der Schale ab. Eventuell verspritztes Wasser wischen Sie auf.

Das Kind kann die Arbeit weiterführen.

Fehlerkontrolle:
- Es bildet sich kein Schaum, da die Kurbel nicht schnell genug gedreht wird oder das Kind das Gerät falsch hält.
- Der Messbecher kippt um.
- Wasser wird verschüttet.

Weitere Möglichkeiten:
- Färben Sie das Wasser ein.
- Bieten Sie unterschiedliche Gefäße an (durchsichtige und undurchsichtige, hohe und flache Schüsseln, Schüsseln aus Plastik, Glas, Porzellan ...).

Transfer zum Alltag:
Das Kind kann mit dem Handmixer arbeiten und z. B. Sahne schlagen.

14. »Dies und das macht auch noch Spaß!« – Weitere Möglichkeiten

Im täglichen Leben fallen neben den bereits beschriebenen Arbeiten viele weitere Tätigkeiten an, für die Kinder sich interessieren und bei denen sie aktiv helfen können. Einige Beispiele dazu sind die nun folgenden Übungen.
Hier geht es um Arbeiten aus den verschiedensten Bereichen, die sich keinem der vorangegangenen Kapitel eindeutig zuordnen lassen.
Die Kinder lernen den sachgerechten Umgang mit den Dingen, die sie benutzen, kennen. Die dabei erworbenen Kenntnisse, Fähigkeiten und Fertigkeiten können sie übertragen und auch in modifizierter Form in ihrem Lebensumfeld sinnvoll anwenden.
Hierbei werden die Ausdauer und die Konzentration gefördert. Beidhändiges Arbeiten schult die Koordination der Augen und Hände. Die Muskulatur wird trainiert.

Muttern aufdrehen

Das benötigen Sie:
6–8 Gewindeschrauben mit passenden Muttern in unterschiedlichen Größen; Korb; Tuch (z. B. Tischset oder Filztuch); Tablett

So führen Sie die Übung ein:
Wählen Sie eine Schraube aus und suchen Sie die passende Mutter. Lässt sie sich nicht aufschrauben, legen Sie sie zur Seite. Passt sie, so drehen Sie die Mutter auf die Schraube. Legen Sie das Paar zur Seite. Nehmen Sie die nächste Schraube und verfahren Sie ebenso.

Die Arbeit ist beendet, wenn auf jeder Schraube die entsprechende Mutter sitzt. Die Muttern werden wieder abgedreht, und alles wandert zurück in das Körbchen.

Laden Sie das Kind ein, die Übung zu wiederholen.

Fehlerkontrolle:
- Muttern und Schrauben passen nicht zusammen, so dass sie am Ende übrig bleiben.

Weitere Möglichkeiten:
- Das Kind arbeitet mit Augenbinde.
- Laden Sie das Kind dazu ein, die Schrauben mit seiner nicht dominanten Hand festzudrehen.
- Bieten Sie anstelle der Muttern Flügelschrauben oder Hutmuttern zum Aufdrehen an.

Transfer zum Alltag:
Das Kind kann Gewindeschrauben und Muttern verbinden und z. B. bei Reparaturarbeiten helfen.

Das Knotentablett

Das benötigen Sie:
dicke Wolle; Schere; 5–6 Gardinenringe aus Holz; 2 Schälchen; Tablett

Das ist vorzubereiten:
Drehen Sie aus der Wolle Kordeln in der Anzahl der Gardinenringe.

So führen Sie die Übung ein:
Der hier benutzte Knoten ist der Ankerstich, auch Lerchenkopf oder Schlingenstek genannt. Es ist ein Knoten, den die Kinder in relativ kurzer Zeit beherrschen.

Legen Sie einen Gardinenring vor sich. Nehmen Sie eine Kordel und legen Sie ein Ende auf das andere. Platzieren Sie die Kordel so auf dem Tisch, dass die entstandene Schleife oben liegt. Der Gardinenring wird nun etwa bis zur Hälfte auf den oberen Teil der Kordel gelegt.

Heben Sie die Schleife an und führen Sie die beiden Enden der Kordel hindurch. Ziehen Sie die Kordel fest. Sie hängt nun am Gardinenring.

Führen Sie alle Schritte langsam und deutlich durch. Wiederholen Sie die Arbeit noch einmal. Dann kann das Kind tätig werden.

Fehlerkontrolle:
- Die Kordel löst sich vom Gardinenring.

Weitere Möglichkeiten:
- Die Kinder arbeiten mit unterschiedlichem Seil- und Schnurmaterial.
- Bieten Sie eine laminierte Pappscheibe mit gestanzten Löchern zum Durchziehen von Fäden an.

Transfer zum Alltag:
Das Kind kann eine Schnur an Gegenständen befestigen und diese Technik z. B. zu Bastel- und Handarbeiten nutzen.

Bänder rollen

Das benötigen Sie:
3–4 gehäkelte Bänder in unterschiedlichen Längen; Körbchen; Tablett

Das ist vorzubereiten:
Häkeln Sie aus Baumwollgarn mit festen Maschen Bänder in unterschiedlichen Längen. Die Bänder kommen in das Körbchen auf dem Tablett.

So führen Sie die Übung ein:
Nehmen Sie das längste Band aus dem Korb und legen Sie es senkrecht vor sich auf den Tisch. Greifen Sie das untere Ende und rollen Sie es langsam und gut sichtbar ein. Rollen Sie weiter, bis das Band zu Ende ist.

Laden Sie das Kind dazu ein, die Übung mit einem Band aus dem Korb durchzuführen. Bieten Sie ihm dazu das kürzeste Band an.

Sind alle Bänder aufgerollt, ist die Übung beendet. Die Bänder werden wieder entrollt und kommen zurück in den Korb, so dass ein anderes Kind damit arbeiten kann.

Fehlerkontrolle:
- Das Band wirkt unordentlich.

Weitere Möglichkeiten:
- Bieten Sie Bänder in unterschiedlichen Breiten und in unterschiedlichen Farben an.
- Legen Sie Bänder aus anderen Materialien zum Aufrollen bereit.

Transfer zum Alltag:
Das Kind beherrscht die Technik des Aufrollens und kann diese im Alltag anwenden (z. B. Servietten rollen, einen Teppich aufrollen ...).

Das Uhrentablett

Das benötigen Sie:

3–4 Armbanduhren mit analogem Ziffernblatt; 2 Körbchen; selbst hergestellte Uhrenkarten; Tablett

Das ist vorzubereiten:

Stellen Sie Uhrenkarten in der Anzahl der bereitliegenden Uhren her. Auf jeder Karte ist ein Ziffernblatt abgebildet. Die Zeiger stehen auf vollen Stunden.

So führen Sie die Übung ein:

Wählen Sie aus dem Uhrenkörbchen eine Uhr und aus dem Körbchen mit den Karten eine Uhrenkarte aus. Legen Sie die Uhrenkarte auf das Tablett und betrachten Sie es genau. Nehmen Sie die Uhr zur Hand und zeigen Sie dem Kind, wie das Rädchen daran gedreht wird. Bringen Sie die Zeiger in die Position der Abbildung. Legen Sie die Uhr und das Kärtchen zur Seite. Verfahren Sie mit einer weiteren Uhr und der entsprechenden Karte ebenso.

Fordern Sie dann das Kind auf, tätig zu werden.

Fehlerkontrolle:

- Dem Kind gelingt es nicht, das Rädchen zu drehen und die Zeiger zu verstellen.
- Uhrenkarte und Ziffernblatt der Uhr stimmen nicht überein.

Weitere Möglichkeiten:

- Stellen Sie Uhrenkarten mit anderen Zeiten her.
- Die Kinder arbeiten mit unterschiedlichen Weckern.

Transfer zum Alltag:

Das Kind kann mit einer Uhr umgehen und Zeiten einstellen.

Eine Kerze anzünden

Das benötigen Sie:
dicke Kerze; stabiler Kerzenständer; Schachtel Kaminhölzer; Schälchen mit Sand; Kerzenlöscher; Wassereimer; Tablett aus feuerfestem Material

So führen Sie die Übung ein:
Nehmen Sie ein Streichholz aus der Schachtel. Zeigen Sie dabei deutlich, wie die Schachtel geöffnet und geschlossen wird. Fassen Sie das Streichholz am unteren Ende an. Streichen Sie mit dem Streichholzkopf über die Zündfläche der Schachtel. Weisen Sie das Kind ausdrücklich darauf hin, hier immer vom Körper weg zu arbeiten. Sobald das Streichholz Feuer fängt, legen Sie die Schachtel zur Seite. Halten Sie das Streichholz an den Kerzendocht. Brennt dieser, drehen Sie sich mit dem Streichholz leicht zur Seite und pusten es aus. Legen Sie das abgebrannte Streichholz in das Schälchen mit Sand.

Ist die Flamme mit dem Kerzenlöscher gelöscht, kann das Kind tätig werden.

Fehlerkontrolle:
- Das Streichholz oder der Docht fangen kein Feuer.
- Das Kind verbrennt sich.

Weitere Möglichkeiten:
- Stellen Sie den Kindern unterschiedliche Kerzenformen zur Verfügung (Stabkerze, Schwimmkerze, Teelicht).
- Haben die Kinder bereits Übung im Anzünden von Kerzen, bieten Sie ihnen kleinere Streichhölzer an.

Transfer zum Alltag:
Die Kinder können vorsichtig und sachgerecht mit Streichhölzern umgehen und Kerzen anzünden.

Einen Schuhlöffel benutzen

Das benötigen Sie:
Schuhlöffel; ein Paar Schuhe von Ihnen; ein Paar Schuhe des Kindes

Das ist vorzubereiten:
Am sinnvollsten ist es, wenn der Schuhlöffel seinen festen Platz an der Garderobe in der Nähe der Schuhe hat. Hier kann er mit einer Kordel an einem Haken hängen.

So führen Sie die Übung ein:
Zeigen Sie dem Kind, wie der Schuhlöffel gehandhabt wird. Schlüpfen Sie mit den Zehen in einen Schuh. Stecken Sie den Schuhlöffel an der Ferse in den Schuh. Halten Sie den Schuh an der Zunge fest. Drücken Sie die Ferse in den Schuh. Ziehen Sie den Schuhlöffel heraus. Zeigen Sie dem Kind an dem anderen Schuh noch einmal deutlich und langsam, wie der Schuhlöffel benutzt wird.

Geben Sie den Schuhlöffel dem Kind, damit es üben kann.

Fehlerkontrolle:
- Der Fuß rutscht nicht am Schuhlöffel entlang in den Schuh.

Weitere Möglichkeiten:
- Tauschen Sie von Zeit zu Zeit die Schuhlöffel aus.

Transfer zum Alltag:
Das Kind kann sich mithilfe eines Schuhlöffels die Schuhe anziehen. Es kann anderen Kindern beim Schuheanziehen helfen und ihnen zeigen, wie der Schuhlöffel benutzt wird.

Den »Weihnachtsbaum« schmücken

Das benötigen Sie:
Tannenbaum aus Holz mit Fuß; kleine, gebogene Schraubhaken; Baumschmuck (kleine Kugeln, Sterne; Holzfiguren); kleines Körbchen; Tablett

Das ist vorzubereiten:
Schrauben Sie in die Vorder- und Rückseite des Baumes gleichmäßig verteilt kleine Schraubhaken ein. Legen Sie den Baumschmuck in das Körbchen. Alle Materialien kommen auf das Tablett. Der Baum sollte liegen, da das Tablett so einfacher und sicherer transportiert werden kann.

So führen Sie die Übung ein:
Laden Sie das Kind ein, das Tablett zum Arbeitsplatz zu tragen. Nehmen Sie den Baum und stellen Sie ihn vor sich. Suchen Sie sich aus dem Körbchen einen Baumanhänger aus. Betrachten Sie ihn und richten Sie ihre Aufmerksamkeit ganz besonders auf den Faden, an dem der Anhänger aufgehängt wird. Ziehen Sie ihn auseinander, so dass die Schlaufe gut sichtbar ist. Führen Sie die Schlaufe zu einem Haken und befestigen Sie den Anhänger langsam und gut sichtbar daran. Wiederholen Sie dies mit 2–3 weiteren Anhängern.

Schieben Sie nun die Arbeit zum Kind und laden Sie es ein, den restlichen Baumschmuck zu befestigen.

Sind alle Teile aufgehängt, werden sie wieder abgenommen und in das Körbchen gelegt. Das Kind kann die Arbeit wiederholen oder das Tablett zurückstellen.

Fehlerkontrolle:
- Die Anhänger fallen herunter, da das Kind die Schlaufen nicht weit genug über die Haken zieht.

Transfer zum Alltag:
Das Kind hilft beim Schmücken eines Weihnachtsbaums oder beim Befestigen von Weihnachtsschmuck an Tannenzweigen.

Der Osterstrauch

Das benötigen Sie:
Zweige; Vase; Wasser; Osterdekoration zum Aufhängen; kleines Körbchen o. Ä.; kleines Deckchen

Das ist vorzubereiten:
Stellen Sie die Zweige in einer möglichst schweren und damit standfesten Vase auf das kleine Deckchen. Füllen Sie sie mit Wasser. Die Osterdekoration wird in dem Körbchen gesammelt. Suchen Sie einen Platz, z. B. einen kleinen Tisch, auf dem die Arbeit stehen bleiben kann.

So führen Sie die Übung ein:
Stellen Sie das Körbchen vor sich. Wählen Sie ein Dekorationsteil aus. Zeigen Sie dem Kind den Faden und machen Sie es deutlich darauf aufmerksam, wie er zum Aufhängen auseinandergezogen wird. Hängen Sie das Teil an einen Zweig. Wiederholen Sie dies mit 3–4 weiteren Dekorationsstücken. Hängen Sie anschließend die Teile wieder ab. Auch hier muss das Kind auf die einzelnen Schritte aufmerksam gemacht werden.

Laden Sie nun das Kind zum Weiterarbeiten ein.

Fehlerkontrolle:
- Die Dekoration bleibt nicht hängen.

Transfer zum Alltag:
Das Kind kann Gegenstände aufhängen und bei der Osterdekoration helfen.

Anhang

Maria Montessori – Gesammelte Werke

In dieser Edition erscheinen seit 2010 in insgesamt 21 Bänden beim Verlag Herder die bisher veröffentlichten, aber auch eine Vielzahl noch unveröffentlichter Schriften der weltberühmten Reformpädagogin als wissenschaftliche Werkausgabe. In z. T. neuen Übersetzungen, versehen mit zahlreichen Fußnoten, Anhängen und Kommentaren zu den verschiedenen Auflagen sowie mit ergänzenden Passagen aus anderen Ausgaben vermitteln die *Gesammelten Werke* einen guten Einblick in die Entwicklung des pädagogischen Denkens Maria Montessoris und lassen die Textgenese nachvollziehen. Herausgeber der Reihe ist Prof. (em.) Dr. Harald Ludwig, Universität Münster.

Bisher sind erschienen:

- *Die Entdeckung des Kindes* als Band 1 (2010, ²2012) (= Montessori 2010)
- *Erziehung und Gesellschaft* als Band 3 (2011)
- *Praxishandbuch der Montessori-Methode* als Band 4 (2010, ²2011)
- *Das Kind in der Familie* als Band 7 (2011)
- *Psychoarithmetik* als Band 11 (2012)
- *Psychogeometrie* als Band 12 (2012)
- *Durch das Kind zu einer neuen Welt* als Band 15 (2013)
- *Kalifornische Vorträge* als Band 5 (2014).

Pro Jahr werden 2–3 Bände erscheinen, so dass das gesamte Werk voraussichtlich bis 2020 geschlossen vorliegen wird.

Literatur zum Weiterlesen

Lore ANDERLIK (2006): *Ein Weg für alle. Leben mit Montessori, Montessori-Therapie und -Heilpädagogik in der Praxis*, Dortmund

Jutta BLÄSIUS (2012): *Übungen des praktischen Lebens für Kinder unter 3 Jahren*, Freiburg

Elisabeth G. HAINSTOCK (1971): *Montessori zu Hause. Die Vorschuljahre*, Freiburg

Sigurd HEBENSTREIT (1999): *Maria Montessori. Eine Einführung in ihr Leben und Werk*, Freiburg

Helene HELMING (1998): *Montessori-Pädagogik. Ein moderner Bildungsweg in konkreter Darstellung*, 17. Aufl. Freiburg

Michael KLEIN-LANDECK / Tanja PÜTZ (2011): *Montessori-Pädagogik – Einführung in Theorie und Praxis*, Freiburg

Bianca MATTERN (2001): *Montessori für Senioren Teil 1. Montessoripädagogische Arbeit mit Senioren/Hochaltrigen im Betreuten Wohnen*, Dortmund

Maria MONTESSORI (1992): *Kinder sind anders*, 7. Aufl. Stuttgart
Maria MONTESSORI (2007): *Das kreative Kind*, 17. Aufl. Freiburg
Maja PITAMIC (2004): *Zeig mir mal, wie das geht. Spielen, lernen und fördern mit Methoden der Montessori-Pädagogik*, München
Hans-Dietrich RAAPKE (2001): *Montessori heute. Eine moderne Pädagogik für Familie, Kindergarten und Schule*, Reinbek bei Hamburg
Tim SELDIN (2007): *Kinder fördern nach Maria Montessori. So erziehen Sie Ihr Kind zu Selbstständigkeit und sozialem Verhalten*, London
Ulrich STEENBERG (2008): *Montessori-Pädagogik im Kindergarten*, Freiburg
Dorothee VENOHR (2010): *Montessori-Pädagogik: Bildung von Anfang an. Praktische Anregungen für die Arbeit mit Kindern*, Donauwörth

Anschriften wichtiger Montessori-Organisationen

Deutsche Montessori-Gesellschaft e.V., Butterblumenweg 5, 65201 Wiesbaden, Tel.: 0611-2054871, Fax: 2054872; E-mail: kontakt@montessori-gesellschaft.de; Internet: www.montessori-gesellschaft.de
Deutsche Montessori-Vereinigung e.V., Xantener Str. 99, 50733 Köln, Tel./Fax: 0221-7606610; E-mail: info@montessori-vereinigung.de; Internet: www.montessori-vereinigung.de.
Die Seiten informieren u. a. über Montessori-Literatur, Montessori-Diplomkurse und über den Zertifikatskurs Frühpädagogik.

Montessori Dachverband Deutschland e.V., Feldbergstr. 2, 65830 Kriftel, Tel.: 06192-402781, Fax: 402773; E-mail: kontakt@montessori-deutschland.de; Internet: www.montessori-deutschland.de.
Zusammenschluss deutscher Montessori-Organisationen. – Auch hier finden Sie Informationen z. B. über die Montessori-Pädagogik, über Diplomkurse oder über Montessori-Einrichtungen.

Montessori Europe e.V., Postfach 1272, 53588 Bad Honnef; Tel.: 02224-9015701, Fax: 932525; E-mail: Office@montessori-europe.com; Internet: www.montessori-europe.com.
Vereinigung von Montessori-Gesellschaften europäischer Länder.

Association Montessori Internationale (AMI), Koninginneweg 161, 1075 CN Amsterdam, Niederlande; Tel.: 0031-20-6798932, Fax: 6767341; E-mail: info@montessori-ami.org; Internet: www.montessori-ami.org.
Internationale Montessori-Gesellschaft. – Die Seiten informieren in englischer Sprache u. a. über Maria Montessori, über internationale Fortbildungsangebote oder über ausländische Firmen, die Montessori-Material herstellen.

Adressen von Firmen, die Montessori-Material anbieten

Angelika und Walter Radda, Lanzendorfer Str. 1, A-9130 Leibsdorf, Tel. 0043-4224-81363;
E-mail: lmk@aon.at; Internet: www.lmk.at/uebungen.
Der Familienbetrieb bietet bereits komplett zusammengestellte Übungen inkl. Arbeitsmaterialien und Tablett an.

Annebeate Huber, Ahornweg 14, 86925 Fuchstal-Leeder, Tel.: 08243/3504;
E-mail: info@annebeate-huber.de; Internet: www.annebeate-huber.de/uebungen.htm
Auf der Internetseite sind u. a. Abbildungen vieler »Übungen des täglichen Lebens« zu sehen.

Montessori-Shop, Agnes-Schwanfelder Str. 1, 96050 Bamberg; Tel.0951/91708297;
Internet: www.montessori-shop.de.

Nienhuis Montessori, Industriepark 14, NL-7021 BL Zelhem; www.nienhuis.com/de.

Riedel GmbH, Carl-Zeiss-Str. 35, 72770 Reutlingen; Tel. 07121/515350;
Internet: www.der-riedel.de.